경남산문선 94

김억규
지 음

지나온 길은 행복했다

도서
출판 경남

머리말을 다듬으며

  강물처럼 흘러온 인생 황혼을 바라보니 지나온 세월은 순간이었다. 다가올 미래의 시간은 나 자신도 예측할 수 없다. 네 번째 수필집을 쓰면서 살아온 과정을 반추해 본다.
  2004년 첫 수필집 《광야를 꿈꾸며》를 펴낸 후, 2015년 두 번째 수필집 《인생은 들녘에 핀 민들레》와 세 번째로 2020년 봄날에 《사랑은 별처럼 영롱하다》를 도서출판 경남에서 펴냈다.
  한 직장에 오래 머물지 못하는 성격이었지만 인간관계는 좋은 인상을 남기면서 헤어졌다. 결혼 후 가정이란 울타리를 벗어나서는 안 된다는 책임감에 정착하는 일자리를 선택했다. 젊은 나이였지만 사업은 적성에 맞았다. 언제나 손해 본 듯 남을 배려하면 내 마음이 즐겁고 시간 지나면 이익이 돌아온다는 것을 깨달았다.

많은 분들과 사귀면서 다른 인생관 이야기를 귀담아 경청한 것이 좋은 수필의 자양분이 되었다. 한 권의 책이 나오기까지 과정은 눈 덮인 산길을 헤매이며 정상에 오르는 것보다 힘든 일이었다.

농협 지도계에 근무하는 사랑하는 조카 기언이의 수고로 이 책이 엮어졌다. 글을 조화롭게 빛내주기 위한 고향 마을 아우인 화가 문영숙 교장의 그림이 성심을 다하였으므로 자신감이 생겼다.

젊음이 용솟음칠 때는 저 넓은 광야를 꿈꾸었고, 강물 따라 지나간 인생은 들녘에 핀 민들레였다. 살면서 최고의 가치는 사랑으로 밤하늘 별보다 영롱했다. 굴곡진 삶이었지만 지나온 길은 한 점 부끄러움 없이 살았기에 행복했다.

이 책과 만남의 인연이 있는 분들 미래에 꿈과 희망 행복이 가득하기를 기원드린다.

을사년 따스한 봄날에
광야 김억규 드림

· 차례 ·

머리말을 다듬으며 · 2

PART 1
지나온 길은 행복했다

- 010　지나온 길은 행복했다
- 018　도서출판 경남 오하룡 시인
- 021　성공한 사람의 빛과 그림자
- 026　뜨거운 피 용마인의 억센 기운
- 033　그날 밤의 총성
- 037　누군가 내 인생을 묻는다면
- 044　젊은이여 청춘을 허비하지 말라
- 047　노인들이여 기죽지 말고 살아가자
- 051　한국인이 존경하는 노산 이은상
- 055　세월에 장사가 없다

photo poem
봄 찾아 떠난 나그네 · 58 | 봄날의 청춘 · 60
겨울밤의 그리움 · 62 | 바람과 더위 · 64

PART 2
소나무와 까치

- 068   계묘년癸卯年을 보내며
- 072   만나면 행복한 웃음을 주는 사람
- 076   인제는 강원도의 힘이다
- 082   소나무와 까치
- 086   들국화 향기 그윽한 길 떠난 형
- 092   형제 같은 변함없는 사랑으로
- 095   사람은 누구나 자신의 역사가 있다
- 098   보고 싶은 사람 살아 있을까
- 100   낙향한 친구 집을 찾아
- 102   호랑이보다 무서운 것이 민심이다

photo poem
지리산의 아침을 맞이하며 • 106 | 청춘의 그리움 • 108
친구와 함께 걸었던 길 • 110 | 오월을 맞이하며 • 112

• 김억규 지음 •

PART 3
무학산을 오르며

- 116 최고의 가치는 정직이다
- 119 역병에 사라지는 억울한 죽음
- 122 종실 가족과 선진 관광 가는 날
- 126 선생님과 만남 그날이 행복했다
- 129 존경받는 어른의 품격
- 132 한국 영화 최고의 걸작 〈오발탄〉
- 135 무학산을 오르며
- 139 메르켈 총리
- 141 옛날 그 사람들 그리움이 사무칠 때
- 144 세월호 10주기를 맞이한 지금

photo poem
산소에 핀 진달래 · 148 | 겨울 나그네 · 150
사랑의 작은 꽃밭 · 1 · 152 | 그 옛날 그 시절 · 154

PART 4
세상 모르고 살았노라

158	노벨문학상
160	낭만과 추억의 마산 창동
164	신이여 우리들을 용서해 주세요
168	울 엄마 손 가락지
172	강물처럼 흘러 금혼식을 맞으며
175	가을바람처럼 떠난 강씨 아저씨
179	노량진 사육신의 무덤이 왜 일곱 개인가
182	동성동 우불 자리
185	세상 모르고 살았노라
190	반세기 지난 한민족의 냉전

photo poem
마음속에 희망을 찾아 • 192 | 오월이 가기 전에 • 194
사랑의 작은 꽃밭·2 • 196 | 봄비 맞으며 떠난 그날 • 198

• 김억규 지음 •

지나온 길은 행복했다 • 도서출판 경남 오하룡 시인 • 성공한 사람의 빛과 그림자 • 뜨거운 피 용마인의 억센 기운 • 그날 밤의 총성 • 누군가 내 인생을 묻는다면 • 젊은이여 청춘을 허비하지 말라 • 노인들이여 기죽지 말고 살아가자 • 한국인이 존경하는 노산 이은상 • 세월에 장사가 없다

photo poem
봄 찾아 떠난 나그네 | 봄날의 청춘 | 겨울밤의 그리움 | 바람과 더위

PART 1
지나온 길은 행복했다

지나온 길은 행복했다

 젊은 날은 방황하며 외롭고 고독한 나날이었다. 그 길을 탈출하는 방법은 군에 지원입대해서 3년이 지나면 새로운 희망과 꿈이 이루어지기를 기대했다. 강원도 인제의 혹독한 추위에 힘들고 고달픈 60년대 중반 그 시절 우리나라 국방 예산은 의식주가 해결되지 않는 열악한 수준이었다. 배가 고파서 월남전에 지원하는 전우가 많았다. 담배는 금연해 나에게 지급되는 것은 신병들한테 나누어 주면서 힘들고 고달프지만 참고 견디면 세월이 지나간다고 격려했다.
 일요일 휴식을 하고 있는 사병 동료들을 연병장에 집합시켜 군기 잡는다는 핑계로 야전 곡괭이 긴 자루로 매타작하는 선임하사를 말렸다. 술 냄새 풍겼다.

"고정하십시오, 이러시면 안 됩니다. 이유 없이 왜 구타를 하십니까?"

순간적으로 몽둥이가 머리 쪽으로 날아왔다. 본능인 빠른 동작에 피하면서 뺏은 자루를 멀리 던지고 주먹을 날렸다. 쓰러진 선임하사 얼굴에 피가 얼룩졌고 하극상下剋上이라는 프레임으로 군단 헌병 지프차에 실려 갔다.

사건 경과를 듣고 난 후 헌병대장은 선임하사한테 사실이냐고 물었다.

"예, 사실입니다."

"선처를 해도 불만 없겠나?"

"그리해 주십시오."

나를 보면서

"하극상은 군 기강을 무너뜨리는 큰 죄인 줄 알고 있지?"

"예, 알고 있습니다."

다음부터 조심하라며 반성문을 쓰고 풀려났다. 두 사람은 걸으면서 정중하게

"선임하사님, 미안하고 고맙습니다."

"아니 내가 술에 취해 이성을 잃었는가 봐…."

"부대 가면 부대원과 함께 술 한잔합시다."
"그래 좋아."
우리들은 술잔을 높이 들고 브라보! 함성은 소양강 강물 따라 설악산에 메아리 친 젊은 날의 청춘이었다.

그날 이후부터 우리 부대 분위기는 너무 좋았다. 제대 전역날 전우들이 모은 봉투를 받고 눈물 보이기 싫어서 먼 산 바라보며 안녕이라는 작별인사도 못하고 헤어진 것이 후회스럽다.

군에서 만남의 인연이었던 착한 친구들을 생각해서 성공한 사람 되겠다는 마음이었지만 사회는 녹록지 않았다. 외양선 선원 생활로 외국을 다니면서 견문을 넓힌 것은 내 인생에 도움이 되었다.

육지에서 직장생활하면서 유신 말기 긴급조치 암울한 시대상황에 사원들 임금·복지향상을 위해 자신을 희생할 각오로 쟁취했던 그날의 영광은 아름다운 기억으로 남는다. 회사생활 하면서 가정을 꾸리고 32살에 사업을 하게 되었다. 사람 좋아하는 성격으로 지인들의 도움에서 사업은 번창했다.

고등학교 졸업 20주년 1985년 모교 동문 체육대회를 주관하고 남은 기금을 탕진한 전임의 무책임으로 동창회 존재가 사라질 위기에서 1987년 3월 8일 현금 43만 원 인수로 출발하였다.

내가 먼저 총회에 백만 원을 협찬해 기념행사 주최와 더불어 전임 회장이 모교와 약속한 강당 전면 커튼을 설치해 주었다. 진심 어린 마음으로 기금 마련을 위해 회원들을 만나고 설득하면서 잊지 않고 기억하겠노라고 기록에 남기기 위해 39회《용마신문》을 발간하기로 약속했다. 2년 재임에 5호까지 만들었다. 동창회 기금에 협찬한 명단을 앞면에 실었더니 호응이 좋았다. 원고 청탁으로 회원 가족과 은사님의 글이 빛이 났다.

1987년 가을에 한마음으로 뜻을 모아 부부 동반으로 버스 3대에 전국에 계신 동창생들 한자리에 모아 화합과 친목을 도모하기 위해 단풍이 곱게 물든 하동 쌍계사를 관광했다. 다음 행선지로 섬진강 강변 소나무 백사장에 자리 잡았다. 재미난 게임과 노래자랑 시상식과 술과 삼겹살 파티로 노래하고 춤추며 우리들의 우정은 푸른 강물처럼 아름다운 추억이었다.

1989년 12월 10일 선생님과 사모님을 모시고 마산 로얄호

오늘도 배려와 봉사정신으로 즐거운 마음에 살고 있다.
오가는 사람들이 꽃 보고 고맙다고 인사하는 '사랑의 작은 꽃밭'은
내 인생이 묻어나는 영원한 노스탤지어다.

텔에서 성대하게 은사의 밤 송년회를 성공리에 마쳤다.

　세월 지난 후 친구들의 권유에 두 번째 회장으로 취임했다. 2013년 5월 8일 봄날에 관광버스 2대에 부부 동반으로 부산 동창들과 함께 박경리 선생님의 《토지》 무대인 하동 평사리 최참판댁을 관광했다. 마을 주막에서 동동주와 구수한 안주로 기분 좋게 버스에 오르며 남해에 도착했다. 남해대교를 걸으며 노량해전에서 순국한 이순신 장군을 모신 충렬사를 참배했다. 미리 예약한 바닷가 생선횟집에서 술잔 부딪치며 친구들과의 우정은 더욱 돈독해졌다.

　고등학교 동창회 신경 쓰느라 에너지가 고갈되어 조용하게 지내려고 마음먹었다. 어느 날 초등학교 고향 친구 다섯 명이 사무실에 찾아왔다. 반가움에 차를 시켜놓고 이야기 중에 43회 초등학교 친구들을 위해서 동창회 회장을 맡아달라는 것이었다. 나는 지치고 힘든 시기라 거절했다.

　한 친구가 '배우지 못한 고향 친구들을 위해서 힘써 주면 좋을 것인데…' 그 말 한마디에 여린 마음으로 친구들의 간곡한 심정을 외면 못하였다. 같이 온 총무한테 현재의 기금을 물어보니 바닥이 났다는 것이다. 1992년 취임식 날 기금 없는 동창회는 존속하기 어렵다, 우리 다 같이 힘을 모아 기금 마련에 동참하자고 말했다. 내가 솔선해서 기금을 먼저 내고, 전북 익산시 원광대학에 근무하는 설상채 동창을 만나 의논했다. 기금 마련을 위해 화가인 당신의 그림도 몇 점 희사喜事하고 예향藝鄕의 도시 전주에 이름 있는 화가 그림을 사서 전시회를 개최하자. 판매는 내가 아는 지인분들한테 연락하면 협조할 것이다. 이익 금액은 동창회 기금으로 입금시키면 해볼 만한 가치가 있다.

전시회 장소는 나의 건물 커피숍에서 열었다. 호응이 좋아 성공리에 마치고 비용 지출한 남은 금액이 400만 원이었다. 그 이후부터 단합이 되어 버스로 전국 동창들이 다 함께 경기도 남한산성 가든에서 만남은 즐거운 한마음 축제였다. 술 잔 높이 들고 '천주산 봉우리에~' 교가 소리는 산성에 울려퍼졌다.

그해 가을에는 거창 수승대에 관광하였고 다음 해 가을에는 부부 동반 조계산 산행을 했다. 2년이 지난 임기 말에는 향토지 《천주산天柱山》 발간 기념회와 정기총회를 1994년 4월 24일 마산역 광장 아리랑 관광호텔에서 개최했다. 세월이 지난 지금에도 지난날의 공적功績을 잊지 않고 친구들은 김 회장으로 부르고 있다.

오늘도 배려와 봉사정신으로 즐거운 마음에 살고 있다. 아파트 헬스장 앞 잡풀 우거진 곳은 꽃밭으로 개간해서 봄·여름·가을 꽃 심고 물 주며 가꾸는 재미가 행복하다. 오가는 사람 꽃 보고 고맙다고 인사하는 '사랑의 작은 꽃밭'은 내 인생이 묻어나는 영원한 노스탤지어다.

도서출판 경남
오하룡 시인

  산벚꽃이 무학산을 하얗게 물들이고 있을 때 점심 약속을 하였다. 자제분 오태민 실장과 오리탕 막걸리 한잔으로 식사 후 주차장 쉼터에서 커피 한잔 마시고 찍은 사진이다. 거리에 핀 벚꽃도 아름답지만 산마루에 핀 벚꽃이 봄이 왔다는 자연의 진수를 보여주는 것 같기도 하다.
  오하룡 시인님의 빙그레 웃음 띤 얼굴은 우리 문단에 오래도록 남을 유산이다. 시인은 1940년 일본에서 태어나서 경북 구미에서 자랐다. 1964년 《잉여촌》 창간 동인으로 활동하다가 1975년 시집 《모향母鄕》을 내셨다. 어린 시절 한

오하룡 시인과 함께

**찬란했던 어느 봄날,
행복한 웃음**

恨 많고 서러운 어머니의 눈물이 마음속에 아직도 고여 있는 줄 안다. 실존적인 시詩《몽상과 현실 사이》,《그 너머의 시》,《시집 밖의 시》, 동시집《아이와 할아버지》등 마산에 살면서 여러 권의 시집을 남겼다.

  시인은 고향이 마산인 사람보다 마산을 사랑하는 사람이다. 노산 이은상 선생님 문학관을 세우려고 앞장서는 분이다. 길명은 노산길이지만 문학관이 없는 것이 부끄러운 줄 알지만 시인의 열정에 죄송스러울 뿐이다. 출판사의 어려운 경영난에도 꿋꿋하게 흔들리지 않고 도서출판 경남이 건재하고 있다는 것은 경남의 자랑이다. 든든한 자제분 오태민 실장과 심경애, 구도희 베테랑이 있기에 문인들과 독자들은 잊지 않고 기억할 것이다.

성공한 사람의
빛과 그림자

 기회가 찾아왔을 때 실천하는 행동이 멋진 인생이다. 한 마을에서 자란 종친인 창규 형님이 생각나는 가을 단풍이 아름다운 계절이다.

 가난한 시절 큰아들만 출세시키면 집안은 저절로 일어나 잘된다고 생각했다. 서울대 공대 화공학과 유학시절 등록금과 하숙비 마련을 위해 엄동설한嚴冬雪寒 물속에서 자란 미나리 뽑아 교육시킨 훌륭한 어머니였다. 졸업 후 대한민국 화장품 원조인 동동구리무가 진화된 태평양화학 화장품 회사에 입사했다. 프랑스 유학과 끊임없는 도전과 연구로 형은 중책을 맡았고, 지금 태평양화학은 세계적인 K뷰티라는 브랜드로 자리 잡았다.

 연구원장으로 명성과 경제적으로 성공한 형이었다. 하반신 불편으로 생활은 부자연스러웠지만 운전하고 지팡이에 의지하며 활달하게 움직이면서 기억력의 총명함과 정신은 맑았다. 자주 전화 통화하며 고향 소식과 지인들의 안부를 묻고 카톡은 빠짐없이 주고받았다.

 형은 "우리 고향 종친에서 권력자와 재벌보다 작가 한 사람 나왔으면 하는 것이 바람과 희망이었는데 아우님이 책을 세 권이나 냈다는 사실에 존경스럽고 감사하며 행복합니다." 언제나 존댓말로 말씀하셨다.

 저는 대화 중에

 "형! 오래전 지나간 이야기지만 형님이 서울대에 합격했다는 소문이 읍내까지 퍼지면서 어른들이 잔치 베풀어준 그날을 기억하시죠! 장구와 꽹과리 치며 덩실덩실 춤추며 축제 분위기에 모두가 행복했을 것입니다. 자라는 세대에 희망과 꿈을 심어준 형님의 금의환향錦衣還鄉이었습니다."

 한참 동안 수화기에 침묵이 흐르면서 형은 목이 멘 소리로 "김 작가님…, 내 인생에 제일 후회스러운 일을 오늘에야

기회가 찾아왔을 때 실천하는 행동이 멋진 인생이다.
한마을에서 자란 종친인 창규 형님이 생각나는 계절이다.

• 김억규 지음 •

고백하네요. 회사일만 바라보며 유학길에 오르고 귀국하면 밤낮없이 연구실에 매달리다 세월 가는 줄 몰랐어요. 그때의 고마움은 가슴에 담고 있었지만 부모님 세대는 돌아가시고 기회가 사라진 것이 내 인생에 가장 후회스러울 뿐이오."

울먹이는 형이 안쓰러웠다.

"어르신들은 출세하고 나면 고향도 모르는 나쁜 인간으로 바라보았을 것이오. 돌아가신 부모님을 욕되게 한 내가 부끄럽소."

다시 울먹였다. 위로의 말을 생각 중에

"흐르는 강물은 돌이킬 수 없지만, 형님! 제가 서울 가면 만나서 이야기 나눕시다. 고향 이야기 보자기에 담아 풀면서 소주잔 부딪치며 대화하는 그날을 기대하겠습니다."

"그래요, 작가 아우님의 좋은 말씀 배움으로 경청하겠습니다."

우리들은 오랜 시간 전화 대화를 하면서 서로가 기분이 좋아졌다. 형도 응어리진 마음이 풀렸는지 활짝 웃었다. 그날의 대화가 마지막 전화였다. 갑진년 봄날 강산을 물들인 아름다운 꽃바람 따라 5월 5일 어린이날 해맑은 웃음으로 김창규 형님이 소천召天하였다는 부고가 카톡으로 올라왔다. 한 사람의 스승 같은 지식인을 떠나보내는 마음 누구한테도 말하고 싶지 않았다.

뜨거운 피
용마인의 억센 기운

　1961년 5·16군사혁명이 일어난 다음 해 이른 봄날에 수험번호 439번으로 전통 깊은 마산상업고등학교에 입학했다. 39회로 청운의 꿈을 가슴에 품고 새로운 친구들과 만남이었다. 1학년 3반 담임 신상철 선생님과의 인연은 행운이었다. 선생님은 초임 학교를 거쳐 두 번째로 부임한 학교가 마산상고였다. 서울대학교 국문과를 졸업하신 선생님은 서울 생활 어려움을 극복한 체험담을 들려주셨다.

　선배이신 김신곤 영어 선생님, 신용필 생물 선생님이 서울대학교 출신이고 지방 명문대를 나오신 기라성 같은 은사님이 계셨기에 많은 인재가 배출되었다. 3학년 졸업반 시절 전국체전에 야구가 우승해 청룡기, 황금사자기에 명성을 날렸다. 씨름도 우승함으로써 체육으로 모교를 빛낸 줄 알고 있다. 전국 상업학교 중 주산과 부기는 명문으로 대기업에 많이 취직하였다. 졸업생 때에 마상의 전성기라고 선생님들께서 말씀하셨다. 인문계열에서 서울과 지방 명문대학을 많이 갔었다.

세월 지나 불혹의 나이에 39회 동창회 회장에 취임했다. 불모지에 비바람 몰아치는 광야에 외로운 투쟁이었다. 그해 7월 9일 《39 龍馬》 신문을 발행했다. 회원 동정사항과 기금 마련에 협찬한 명단을 꼼꼼하게 적어 많은 회원들이 동참하였다. 신문은 창간호부터 1년에 3번씩 2년에 걸쳐 6호까지 발행하였다. 호응도가 높아 부부가 원고뭉치를 들고 와서 가슴 뿌듯했다. 편집위원으로 가장 수고가 많던 김한수 친구는 지금 생각하면 미안할 뿐이다. 직장에 나가면서 시간을 내어 동창회 발전에 헌신한 친구이다.

우선으로 먼저 해야 할 일을 곰곰이 생각했다. 졸업 20주년 체육행사 때 모교에 기증 약속을 했으나 전임이 기금을 탕진하였음으로 부득이 본인이 출자한 돈으로 모교 강단 전면에 커튼을 설치했다. 지금도 "마산상고 39회 증"으로 그대로 있는지가 궁금하다. 그해 가을에 부부 동반으로 관광버스 3대에 전국 회원들의 동참으로 참석 인원 113명이 하동 쌍계사를 들러 송림공원에 바비큐 파티와 게임과 노래자랑으로 화합을 다졌다. 학창시절 응원단장 장정갑의 선창으로 교가 합창울림이 섬진강을 거슬러 지리산에 메아리쳤다.

"용마산 억센 기운, 우리 가슴속에 어리었고……."

1988년 12월 10일 마산로얄호텔 10층 스카이라운지에서 은사님과 사모님을 초대해서 회원들 부부와 23년 만에 송년회를 개최하였다. 졸업 당시 담임 선생님 안이호·김신곤·홍상원·신상철·배종백 선생님, 선배이신 총동창회 회장 백찬기 국회의원과 은사님 부부와 회원들과 어울려 노래와 여흥으로 사제지간의 아름다운 추억은 영원히 잊지 못할 밤이었다.

세월이 흘러 2013년 두 번째 회장을 맡아 5월 9일 부산지부회원들과 버스 2대로 하동 평사리 토지문학관을 탐방하고 동동주와 도토리묵으로 목을 적시며, 이순신 장군이 최후를 맞이한 남해대교에서 푸른 바다를 바라보고 언덕 위

1989년 12월 10일 선생님과 사모님을 모시고
마산 로얄호텔에서 성대하게 은사의 밤 송년회를 마쳤다.

• 김억규 지음 •

묘소를 참배하였다. 현재는 가묘로 아산 현충사에 이장한 줄 안다. 점심은 인근 횟집에서 소주잔을 부딪치며 돈독한 우정으로 기분 좋은 즐거운 하루였다.

 세월이 지나 50대 후반에 창원의 어느 식당에서 신상철 선생님의 친구분과 우리 일행이 만나서 백세주를 주고받으며 사제지간의 정을 나누었다. 며칠이 지난 후 선생님과의 약속으로 원고 뭉치를 들고 다시 만난 것이 문학의 길을 걷게 된 동기였다. 선생님은 경남대학교 사범대학 학장으로 봉직하시다가 퇴직하시어 시간의 여유가 있었다. 두서없는 원고에 꼼꼼하게 표시하며 따옴표가 빠지고 같은 글자가 다음 줄에 있으면 글의 이음새가 매끄럽지 않다는 것이다. 오십 줄이 넘은 제자와 스승은 과거나 지금이나 변함이 없었다.

 2004년 첫 저서 《광야를 꿈꾸며》 서문을 써주셨다.

> 〈행복을 소중히 간직하는 사람〉에서부터, 〈이념에 묻혀 버린 어느 지식인의 이야기〉까지 46편의 에세이를 단숨에 모두 읽었다. 동서양의 해박한 역사에 우리들 주변에 벌어지는 대소사를 끌어내어 재미있는 이야기로 꾸미고 있다. 가정의 행복,

기업인의 이야기, 노사분규 처리, 한국의 영화 이념의 분쟁 등도 그중의 하나다. 그는 문학가는 아니되 문학가의 눈 이상이요, 예술가는 아니되 예술가의 기예라 생각한다. 휴머니티가 강한 김억규 사장의 이 글들이 많이 읽히기를 기대해 본다.

서문을 써주신 선생님한테 반듯한 예를 올리지 못한 자신이 후회스럽다. 병중에 계실 때 경기도 분당 보바스기념병원에 두 번 문안은 드렸지만 허전한 마음에 꿈에서라도 만나면 기분은 좋아진다. 선생님의 추천으로 2005년 10월 15일 《한국문인》 수필부문에 등단하여 서울 세종문화회관에서 기념 행사를 하였다. 아내와 아들과 친구 조유제 교장 선생이 축하 꽃다발을 안겨주었다. 경남문협과 마산문협에도 가입하였다. 선생님이 계셨기에 인생에 새로운 길 찾아 소중한 오늘을 살고 있는 줄 생각한다.

졸업 후 56년의 세월이 흘렀지만 용마인의 가슴에는 뜨거운 피가 돌고 있는 줄 안다. 훌륭하신 은사님과의 만남으로 작가로서 사회정의를 바로잡기 위한 양심의 펜을 잡고 있다. 선배님들이 이루신 큰 업적을 살아 있는 우리가 역사를 잊지 않는 사명감으로 보전해야 한다.

세월의 변화에 인문계로 바뀐 용마고 후배님들은 새로운 도전과 패기로 정진해야 한다. 개교 100주년을 맞이한 오늘 가슴 뭉클하고 감개무량하다.
 "가슴 깊이 흐르는 뜨거운 피 용마의 억센 기운처럼 영원하리라…."

그날 밤의 총성

그날 밤의 총성으로 서슬 퍼런 유신의 심장은 멈추었다. 1979년 10월 26일 저녁 궁정동 안가 만찬장에서 한 시대의 역사는 뒤안길로 사라졌다. 그날 이후 유신헌법이 정당했다는 사람은 아무도 없었다. 한 해가 지난 1980년 5월 24일 아침 7시 김재규는 형장의 이슬로 사라졌다. 뒤를 이어 박선호와 이기주, 김태원, 유성옥 차례대로 장부답게 생을 마감했다.

김태원은 와전옥쇄瓦全玉碎라는 말을 남겼다. 그 순간 권력의 욕심에서 광주에는 총성과 아비규환으로 시민들은 불안과 공포에 떨고 있었다. 역사는 돌고 돈다는 말처럼 선임이 성공한 5·16혁명 우리도 할 수 있다는 자신감으로 민주주의는 어둠의 터널로 자유를 삼켜 버렸다. 체육관에서 대의원이 선출한 7년 임기 5공이 탄생하였다. 유신정권보다 강하게 국민들은 숨 막히는 와중에 1987년 1월 14일 서울대 학생 박종철 군이 무자비한 고문으로 죽음을 맞이하였다.

 그해 6월 9일 여름날 연세대 학생 이한열 군이 머리에 최루탄을 맞아 죽음으로 6월 항쟁은 광화문 광장의 솟구치는 분노로 국민의 마음에 활화산이 되어 권력은 백기를 들었다. 직선제 개헌으로 민주주의는 빛이 보였지만 두 김씨의 욕심에서 또다시 군 출신이 당선되어 30년 고려시대 무신정권과 같은 세월을 보냈다.

 자유민주주의 햇볕 아래 점차적으로 개선되고 국민의 자유와 복지 인권이 정착되었다. 세 번째 진보정권으로 대한민국 대통령에 당선된 사람이 역사를 왜곡하고 상식에 벗어난 포퓰리즘으로 여론과 선거에만 이기면 된다는 생각에 국민들은 양분되었다. 좌와 우 이념 싸움을 부추기며 임기 내 편 가르는 정치에 국민들은 상처만 남았다. 그날 밤의 총성은 그런 의미는 아니었을 것이다. 운명의 수레바퀴를 맞이한 사람들 박선호 중정 의전과장과 청와대 경호처장 정인형은 해병대 동기이며 막역한 친구로 비켜 나갈 수 없는 운명이었다.

그날 밤 중정의 당직자 이기주, 김태원, 유성옥 가족이 있는 새파란 젊은이들은 명령을 거역할 수 없는 어둠의 밤이었다. 사격의 명사수 안재송과 김용태, 김용섭 경호원도 영문도 모른 채 당했던 것이다. 박흥주 중앙정보부장 수행비서는 서울고등학교 졸업 육사 18기생으로 수석 졸업한 현역 육군 대령이지만 산비탈 달동네 살면서 청빈한 삶을 살았다. 박 대령은 경기도 시흥의 야산에서 대한민국 만세를 외치며 총살형으로 대장부답게 생을 마감했다.

홀어머니를 지극정성으로 모신 차지철 경호실장은 충성심이 너무 강해서 화를 자초했던 것이다. 5천 년 역사에서 의식주를 해결하고 경제발전을 반석 위에 올려놓았던 박정희 대통령. 우리 시대 그런 분을 만났다는 것은 행운이다. 그러나 유신 초기에 영부인과 헤어진 후 초심을 잃는 정치였다. 절간 같은 청와대의 밤이 적적하고 외로워 궁정동 안가에서 파티를 자주 열었다.

장기집권 권력의 욕심에 불행한 역사를 맞이했다. 로마시대 시저와 브루투스와 같은 운명의 비극이었다. 김재규는 마지막 유언으로 내가 죽으면 양지바른 곳에 아내와 같이 나란히 묻고 아래에는 나 때문에 억울하게 죽은 부하 5명도 함께 묻어 주기 바란다고 했다.

조선시대 사육신이 문득 떠오른다. 마지막 유언장은 내가 죽고 난 후 정국이 안정되고 민주주의가 국민들 가슴에 열매가 맺을 때 공개되기를 바랐다.

> 국민 여러분! 나는 민주회복을 이루고 먼저 갑니다. 자유라고 하는 것은 하늘로부터 받은 것인데 그동안 까닭 없이 병들고 말살되어 왔습니다. 이번에 자유를 회복시키는 데는 많은 고귀한 희생이 뒤따랐습니다. 앞으로 애지중지 지켜야 합니다. 이제 우리는 자유민주주의를 회복해 놓았기에 기쁘게 갑니다. 자유민주주의 꽃을 피우고 편안하게 사십시오.

김재규 전 육군 중장, 건설부장관, 중앙정보부장은 경기도 광주군 오포면 능평리 공원묘지에 잠들어 있다.

동시대에 살았던 사람들, 시대는 대인을 부르고 역사를 바꾸라는 소명을 주었다.

누군가
내 인생을 묻는다면

    누군가 내 인생을 묻는다면 먼 산 바라보며 머뭇거리면서 내면의 갈등에 고민할 것이다.

    살면서 남한테 마음의 상처를 주지 않았는가 생각하며 후회스런 일 있으면 사과하고 용서를 구해야 한다. 젊은 날의 만용으로 군 생활에서 상사들과의 다툼은 동료 사병들을 위한 행동으로 군의 기강이 무너진 공동체의 책임이 있었다. 제대 후 직장생활의 어려움을 극복하지 못하고 고향 마을에서 술로써 지낸 적도 있었지만 세월은 기다리지 않고 흘러 부모님은 스물네 살 때 떠나셨다. 효도 한번 하지 못한 불효

자는 평생 동안 한으로 남았다. 고향 사람들을 생각해서 부모님을 위한 효심으로 동생들을 설득해 의기투합으로 천주산 줄기에서 흐르는 샘물 확장공사로 마을 쉼터를 만들었다. 1971년 4월 1일 준공식 날 마을 사람들과 축제의 한마음이었다. 면장님과 예비군 대대장님께서 표창장과 공로상을 수여하셨다. 25살의 혈기왕성한 청년시절 시멘트와 모래 포대를 등에 지고 만든 마을 쉼터 사업은 신성하고 가치 있는 마을 공동체의 화합이었다. 새마을 운동이 일어나기 전이니까 보람된 일이었다. 부모님이 계셨다면 흐뭇해하셨을 것이다. 우리 아들 장한 일 했다고….

식수는 위에서 담기 위해 깨끗하게 만들고 흐르는 물을 가두어 탕을 만들어 목욕도 가능했다. 작은 공원을 조성해서 나무를 심고 쉼터도 만들었다. 50년이 지난 지금에도 고향길에 가끔 들르면 고목이 된 나무에게 묻는다. 내 이름을 아느냐고, 고향 사람들이 사랑한 옹달샘에 내가 왔다고.

세월이 지나서 보다 넓은 세상을 동경하여 외항선에서 일하게 되었다. 척박한 대한민국은 북한 사회주의보다 경제가 떨어지던 시절 일본이 만든 자동차를 적재하여 미대륙에 수출하는 일이었다. 그 당시에는 항만시설이 열악하여 하역이 오래 걸려서 외출로 선진문화를 보고 느꼈다. 우리가 만든 제품이 언젠가는 수출길에 오르는 그날을 기대하는 희망이었다.

우리 사회에 필요한 사람들은 매스컴에 자주 나오는 유명인이 아니라 깊숙한 과학실에서 연구 흐름을 깨기 싫어 굶어가며 세계 일류 제품을 만들겠다는 자부심을 가진 과학자들이다.

세월이 지나 외항선 타는 직업은 그만두고 일본인이 경영하는 M회사에서 일하게 되었다. 일본에서 기피하는 안전에 부담스런 프레스 공장에서 일하게 되었다. 프레스 기계에 절단된 손가락과 손목 부상자가 많았다. 당시는 산재가 원만하지 못한 시절, 장애인을 회사는 부담스런 짐으로 생각했다.

한국인 간부를 앞세워 퇴사를 권유하였다. 힘 없고 보호해 줄 사람 없는 어린 누이와 동생들의 눈물을 외면할 수가 없었다. 70년대 일자리는 열악한 환경이니까 딸을 가진 가장으로 자신한테 물었다. 사원들을 위한 헌신으로 가정을 버리고 할 수 있겠는가?

외항선 선원생활 때 태평양 180도선 10m가 넘는 파도에도 캄캄한 엔진실에서 발전기를 가동시키며 죽음의 고비를 넘긴 생각을 하자. 여러 사람들을 위한 희생정신이라면 해 볼 만한 가치가 있다.

외로운 장애우와 만나서 힘든 부서는 제외시키고 편한 자리에서 일하게끔 만들어 주었다. 다음은 임금협상이었다. 금년 인상 봉급은 5%는 심하고 자존심 상한다. 35%를 요구한다. 수주도 많이 밀렸고 경영에 여유가 있는 줄 안다. 위험한 일을 하면서 다른 회사와 임금 격차가 너무 심하다. 450명 사원들이 뽑은 노사협의회 회장 자격으로 명흥회 회장께 건의드린다.

씨알도 먹히지 않았다. 점심식사 후 모든 사원들한테 유신과 긴급조치 시대라도 모든 책임은 내가 진다. 우리는 굴하지 않고 뭉치면 소망은 반드시 이루어진다. 우레 같은 함성과 박수로 식당이 떠나갈 듯했다. 우리의 투쟁방법은 제품 생산을 줄이는 것이다.

일주일이 지난 토요일 오후 사원 결혼식에 참석하고 회사에 오니까 고의로 기계를 멈추었다는 노동법 위반으로 기다리는 형사들이 대기한 차에 실려 주모자로 유치장에 감금되었다. 누구한테도 전할 수 없는 답답한 마음이었다.

며칠이 지난 후 의義로운 일에는 행운이 오는 것처럼 잘 아는 지인분의 주선으로 나오면서 담당 형사가 시국이 시국인지라 조심하라는 것이다. 알겠다며 웃으면서 회사에 먼저 갔다.

공장 기계 소리는 요란하게 들렸다. 일 마치고 모이자며 부서반장들한테 전하고 사무실에 가니까 놀란 기색이었다. 든든한 배경이 있는 줄 알고 있었다. 저녁에 모인 사원들한테 이대로 물러서면 우리는 노동의 가치를 포기하는 것이다. 모든 책임은 내가 진다. 전과 같이 투쟁하자. 우리는 오직 단결이다.

5일이 지난 후 일본에서 전무 무라카미가 왔다. 협상테이블에서 요구한 35%에서 5% 삭감한 30%에 서명했다. 그 이후 아침 조회 시간에 승진 임명장을 받았지만 개운하지 않았다. 사원들의 기대에 실망을 주기 싫어 6개월이 지난 후 사표를 내었다. 집사람과 의논도 없이 혼자의 생각으로. 부서별로 돌면서 인사하고 10시가 넘어 정문으로 나갈 때 큰 자루를 들고 두 사람이 따라왔다.

"이게 뭔데?"

"고마운 마음에 사원들의 정성을 담았습니다."

아내한테 자초지종을 설명하고 자루를 풀었다. 가난한 시절 이름 적힌 봉투에 오천 원 이상의 눈물 젖은 돈이었다.

> 회장님! 죄송합니다. 회장님이 투쟁할 때 협조 없이 강 건너 불구경한 자신이 부끄럽습니다. 월급 인상으로 아내가 꼭 보답해야 된다며. 마음 잊지 않겠습니다. 솔직히 그 당시에는 가담해서 회사에서 쫓겨날까 싶어 망설였습니다. 미안합니다.
> 미래에 건투를 빌겠습니다. 선창열.

> 존경하는 회장님 오빠, 순덕입니다. 손가락 부상으로 정형외과에서 울면서 소란 피운 그날 오빠가 있어서 위안이 되었습니다. 치료시간 뒤에서 저를 꼭 안고 건넨 위로의 말씀 잊지 않겠습니다.

밤이 새도록 편지를 읽으면서 나를 응원해주는 이 사람들을 실망시켜서는 안 되겠다. 성공해야지 다부진 마음가짐이었다.

1978년 서울 있는 군에서 만난 친구 조언으로 새로운 길을 가게 되었다. 그 당시 복덩이 아들이 태어나고 사업이 번창하였다. 지금은 딸과 아들 결혼해서 서울 생활이 26년이 되었다. 그 이후에 자신에게 주어진 직책 초등·고등학교 회장으로 반석 위에 올려놓았고 사회생활 직함에 최선을 다했으므로 후회 없이 살았다고 생각한다.

  남은 인생 교만하지 말고 남을 배려하고 부드러운 언어와 유머로 겸손하며 수필가로 살면서 진실하고 아름다운 그윽한 인생의 향기를 잊지 않겠다.

젊은이여
청춘을 허비하지 말라

 청춘靑春! 봄날 새싹 돋아나는 젊음이 용솟음치는 혈기 왕성한 인생에 최고의 황금기이다. 두려움이란 단어는 생각에 없었고 자신감이 하늘을 찌를 듯해 용기가 차고 넘쳐나면서 만용으로 그 시절을 보냈던 것이 후회스럽다. 때로는 외롭고 고독한 아픔도 겪었지만 청춘이었기에 헤쳐 나갈 수 있었다.
 젊은이여, 황금 같은 귀한 시간을 소중하게 생각하고 아껴 쓰는 사람은 뜻을 이루기 마련이다. 부모님의 은혜로움을 잊어서는 안 되고 우정과 의리를 소중하게 간직하고 조국이 분단된 민족의 아픔도 고민해야 된다. 더 넓은 세상을 넘어 우주의 신비를 찾아 지구와 같은 생명체가 존재하는 또 다른 태양계를 꿈꾸어야 한다. 아침에 떠오르는 태양의 광채보다 힘찬 모습으로 솟구치는 힘이 젊은 청춘이다. 할 수 있다는 자심감과 용기를 잃지 않고 주어진 일에 최선을 다해야 한다.

살아가면서 행운과 요행을 바라서는 안 된다. 자아의 인격 형성을 위해 최선을 다해 노력하면 찾아오는 것이 성공이다. 오늘이란 하루가 지금이 인생에서 제일 중요한 시금석試金石이 되는 날이다. 내일로 미루는 것은 어리석고 바보 같은 생각이다. 오늘도 후회 없이 최선을 다했는가 잠자리 들기 전에 정리하는 습관을 길러야 한다.

머뭇거리지 말고 가보고 싶은 곳에 찾아가고 만나고 싶은 사람 만나고 사랑하는 사람한테 전화하여 커피 한잔 시켜놓고 테이블 마주보며 감미로운 음악과 담소로 미소 짓는 아름다운 모습이 청춘이다. 세월이 지나고 나면 좋은 기억으로 잊히지 않는다. '촌음寸陰을 아껴 쓰라'는 말처럼 치열하게 공부하고 끊임없이 도전을 멈추지 말고 노력하면 반드시 성공한 사람으로 남기 마련이다.

젊은이여! 한 번뿐인 청춘을 허비하지 말고 최선을 다하여라. 세월이 지나면 행복한 인생으로 평생을 살아갈 것이다.

노인들이여
기죽지 말고 살아가자

　우리들도 한때는 청춘이 있었다. 그 시절의 청춘은 가난한 삶을 벗어나고자 땀과 눈물로 열심히 일했던 기억뿐이다.

　사랑하는 가족을 봉양하고 자식교육을 최우선으로 밤낮없이 일하면서 저축으로 보다 나은 미래에 대한 꿈이 있었다. 유일한 휴식은 퇴근 후 포장마차 찌그러진 노란 주전자에 담긴 막걸리 한잔의 행복이었다. 호주머니 용돈 아끼면서 연세 많은 어르신 만나면 식사와 술을 대접하는 장유유서長幼有序 고유풍습은 잊지 않고 살았다.

지금은 세상이 바뀌어 젊은 사람 생각은 우리와 놀고 싶으면 지갑부터 열어야 대접하겠다는 것이다. 불통의 시대이다. 사람 많이 모이는 공연장과 백화점 고급 매장에 노인이 오는 것을 싫어하는 것은 사실이다. 행동이 부자연스럽고 굼뜨면서 매상에 도움이 되지 않으니 젊은 고객들한테 눈길이 가는 것이다. 가난했던 시절 근검절약의 습관에 익숙하니까 종업원 눈에는 옹졸하고 거추장스런 존재로 보이는 것이다.

1968년 국민소득 천불 미만 시대에 북한은 일제가 남기고 간 중공업 공장으로 방직 공장뿐인 남한보다 잘살았던 것은 사실이다. 우선은 배고픔을 해결하고 외화벌이로 가정에 보탬이 되기 위해 목숨을 담보로 베트남 전쟁에 참전하여 경제 발전의 원동력이 되었다. 다음에는 역사의 땅 중동 건설 근로자로 땀 흘리며 열심히 일하면서 청춘을 바쳤기에 삼만불 시대 10대 경제국가로 대한민국 위상이 세계에 우뚝 서게 되었다는 것을 잊어서는 안 된다.

그때 그 사람들이 뒤뚱거리는 걸음으로 백발이 된 노인이다. 앞만 바라보며 '잘살아 보세' 범국민적인 구호 아래 열심히 일한 부모세대를 공손하게 모셔야 한다. 언젠가는 자신

우리들도 한때는 청춘이 있었다.
그 시절의 청춘은 가난한 삶을 벗어나고자 땀과 눈물로
열심히 일했던 기억뿐이다.

• 김억규 지음 •

도 노인이 되어 뒤늦은 후회는 부질없는 짓이다. 젊음을 지나봐서 알지만 젊은 사람들은 노인의 경험이 없으나 미래의 투자로 어른을 공경하는 바른 자세가 인간의 기본이다.

젊은이여! 부모님을 생각하고 예의 바른 인사와 따뜻한 말 한마디가 아름다운 세상을 만들어 간다는 것을 잊지 말자.

한국인이 존경하는
노산 이은상

　어느 지역을 다녀도 노산 이은상 선생님의 발자취에 가슴이 뭉클한 자부심으로 고향을 떠올렸습니다. 서울 동작구 동작동 현충원에 노산 이은상 선생님 글이 새겨져 있으며 춘천 남이섬 남이 장군 묘역에 추모글이 있었습니다. 돌아서는 길목에 '김유정 문학' 이정표가 눈에 띄이 국도 따라 넘춘 실레마을 김유정 문학촌을 관람하고 춘천닭갈비와 맥주 맛은 문학과 지역의 특미特味로 오랫동안 기억 속에 남아 있었습니다.

　노산 선생님 글이 새겨진 곳은 한국인의 자랑이고 너무나 감동적이어서 싫어하는 사람은 없는 줄 알고 있습니다. 이

은상 시조에 김동진이 작곡한 〈가고파〉는 온 겨레의 가곡으로 부르고 있습니다. 홍난파가 작곡한 〈옛 동산에 올라〉는 향수를 잊지 못하는 우리들에게 꿈같은 곡입니다. 노산 선생님은 근대사의 자랑으로 우리가 살고 있는 고향에서 무엇보다 바꿀 수 없는 귀중한 영혼을 일깨워 준 분이라고 생각합니다.

아름다운 항구 도시 마산은 가슴 설레이는 무학산, 용마산, 노비산과 문신미술관이 있고 〈선구자〉를 작곡한 조두남 선생님이 살았던 고장입니다. 노비산은 이은상 선생님이 태어난 곳으로 〈옛 동산에 올라〉 시상과 합포만 푸른 바다에서 〈가고파〉가 탄생되었습니다. 고향이 그리웠고 사랑했기에 주옥같은 글이 나왔습니다. 지금 고향에 살고 있는 우리는 타향살이 경험이 없기에 순박하고 착한 고향 사람들은 산천의 수려함을 잊고 살고 있습니다. 우리 시대에 노산 선생님과 같은 위대한 족적을 남긴 사람은 없습니다.

옹졸한 편협이 아니라 친일과 독재에 아부했다는 확실한 근거가 있으면 있는 그대로 진실을 밝히면서 기록에 남기면 됩니다.

전북 고창에 가면 미당 서정주 선생님 문학관이 있습니다. 미당 선생님 일대기 내역에서 일제 강점기에 친일했던 기록을 남기고 아름다운 시時가 전시되면서 자랑스런 문학관으로 면모를 갖추었습니다. 고창의 지역상품 풍천장어와 복분자술로 지역의 브랜드가 되었습니다.

대한민국 국민은 노산 이은상 〈가고파〉는 알고 있는데 마산에 살고 있는 고향 사람들은 주소는 노산길로 쓰고 있지만 문학관 건립은 못하는 수준밖에 되지 못함에 스스로 생각해 볼 문제입니다. 우리 지역의 자랑스런 랜드마크로 마산의 관문인 역과 터미널에 〈가고파〉와 〈옛 동산에 올라〉 가곡이 울리면 외지에서 오신 분들이 여기를 〈가고파〉 고향으로 생각합니다. 아름다운 도시에 도착했다는 뿌듯한 좋은 인상으로 선창가 횟집에서 소주잔을 기울입니다. 시민단체는 시민의 권익과 품격을 높이는데 앞장서서 시·도의

원님들과 협의해서 노산문학관 건립하는데 앞장서 주기를 바랍니다. 노산 이은상 선생님은 효창공원에 잠든 백범 김구 선생 추모글과 박정희 대통령 애도사로 민족정신을 일깨운 분입니다. 이순신 장군을 민족의 성웅으로 현충사를 재복원시킨 장본인으로 우리 시대의 큰 어른을 반대하시는 분도 계시겠지만 명분이 서지가 않습니다. 지역 발전할 수 있는 문화를 외면하는 것은 노산과 원수지간이 아닌 이상 그런 분들이 계시면 안 됩니다. 문화가 꽃피는 아름다운 도시로 '마산'이라는 이름은 영원히 살아야 합니다.

어느 날 식사자리에서 대화 중에 부끄러워 술잔으로 얼굴을 가렸습니다. 타지에서 정착한 사람들은 노산은 큰 산 같은 분으로 칭찬을 아끼지 않는데, 고향에 사는 나는 노산서 18길 주소를 사용하면서 문학관조차 없는 것에 부끄러웠습니다. 작가는 중간지대 양심으로 있는 그대로 기록해야 사회와 나라의 등불이 된다는 것을 알고 있습니다.

노산 선생님 부친 이승규 옹은 기독교 장로로 1906년 마산 최초로 신교육 창신학교를 설립하신 분입니다. 부모님의 뜻에 따라 애향심이 남다른 아름다운 민족의 서사시가 대한민국이 존재하는 그날까지 우리 마음속에 영원할 것입니다.

세월에 장사가 없다

젊은 시절에는 태산보다 높은 저 산도 움직일 수 있는 자신감이 있었다. 남들보다 건강은 타고난 체질이었다. 부모님께 물려주신 좋은 유전인자로 지금까지 키와 몸무게는 변함없이 유지하면서 생활한다. 아침에 일어나면 걷기운동과 헬스장 기구운동으로 하루를 열면서 긍정적인 생각과 웃음으로 보내려고 노력한다.

팔순을 바라보는 세월에 가지런하지 못한 치아지만 튼튼하게 옛날 그대로 유지하므로 음식은 가리지 않고 잘 먹는 편이다. 그러나 건강을 믿고 무리하게 힘쓰는 일을 하다가 퇴행성 발목 관절로 수술을 하였다. 휠체어와 양쪽 목발로 오랫동안 고생한 적이 있었다. 지금은 생활에는 불편 없이 좋아하는 운동을 할 수 있다는 것에 감사할 뿐이다.

흘러가는 세월을 잊은 채 부모님 산소 벌초를 다하고 나무를 휘감는 칡넝쿨을 걷어내다가 허리 부상을 입었다. 병원에서 물리치료 받고 힘없이 걷다가 보도블록 꺼진 자리에 발이 걸려 앞으로 넘어졌다. 왼쪽 볼 언저리와 입술과 양쪽 무릎, 어깨에 상처를 입었다. 안쓰러운 마음에 모여든 사람들에 부끄러워 다시 병원에 가서 치료를 받았다.

모여든 그분들한테 자신의 잘못을 부정하는 심리로 "전에도 여러 사람이 넘어졌다는데 구청에 신고해서 고치라고 왜! 말씀드리지 않았습니까?" 볼멘 음성으로 말하였다. 지금 생각하면 미안할 뿐이다.

내 자신의 부주의에 대한 변명이었다. 다음 날에 구청 담당 공무원한테 전화해서 사고 경위를 전하고 재발 방지를 위한 조치를 부탁하면서 상처 난 부위 사진을 보내주었다.

그날은 일진이 나빠 뼈는 다치지 않고 이 정도로 무사함에 다행으로 생각한다. 한 달 후 상처 부위는 아물었지만 허리는 지금도 치료 중이다.

살아온 인생길을 곰곰이 생각하며 주변을 살펴보았다. 절친한 친구들도 머~언 길 떠난 이도 있다. 나 자신은 그 길이 선택한 길이라 착각하고 살았다. 내 몸이라 함부로 사용했던 육신한테 미안할 뿐이다. 언젠가는 가야 할 피할 수 없는 숙명의 길을 잊고 살았다.

'너도 가고 또 나도 가야지' 박목월 선생님의 시구처럼 세월을 이기는 장사가 없는 것이다. 오늘 하루를 감사하며 좋은 일만 생각하고 보람되게 살아가겠노라 다짐하고 약속드린다.

2023년 7월의 무더위에

photo poem
봄 찾아 떠난 나그네

문영숙 作

청보리밭 언덕에 제비꽃이 피어

보라색으로 물들었다

돌아서는 길섶에 노란 민들레가

수줍은 모습으로 고개 내민다

봄 햇살 등에 밀려 정처 없이 거닐다가

붉은 노을 무지개 언덕에서 손짓하는

보고 싶은 누님과 부모님 만나 사랑합니다

말 한마디 못 남긴 자신이 미워 돌아오는 그 길에

봄은 멀어져 갔다

• 김억규 지음 •

photo poem

봄날의 청춘

젊은 청춘으로 다시 돌아가라면

가지 않을래요

미래가 보이지 않는 안갯속에서

방향 잃은 외로운 청춘이었으니까

내 인생은 오롯이 내가 짊어지고 갈 운명으로

세월이 지나 황혼이 물든 지금이 편안합니다

정신과 육체로 일할 수 있는 능력에

즐겁고 감사합니다

주머닛돈 털어 봄맞이 꽃 한 아름 사서

사랑의 작은 꽃밭에 가꾸며

오가는 사람 즐거운 미소에 행복합니다

같이 봄을 즐길 수가 있으니까

• 김억규 지음 •

photo poem
겨울밤의 그리움

가을걷이 끝나면 농촌은 평화로운 마을이다

덩그런 기와집 넓은 큰방에는

동네 사람들 저녁 식사 후 모임의 장소다

오손도손 이야기꽃 피우면 뒷산 여우는

짝을 찾아 울어대는 소리가 을씨년스럽다

뒤뜰 울타리 대나무 숲에 부엉이 울음소리는

고향이 그리워 울고 있을까

소리 없이 사뿐히 눈 내리는 밤에 착한 누님의 정성으로

따끈한 고구마 담은 함지박에 시원한 동김치로

정情이 여물어가는 겨울밤이 그리워진다

그때 그 사람들은 꽃 피는 봄은 찾아오는데 만날 수가 없구나

• 김억규 지음 •

photo poem
바람과 더위

보이지 않는 바람이 삼복 무더위를

달래며 숲속 그늘에서 쉬고 있구나

매미 울음소리 장단 맞추며

질펀하게 한바탕 춤을 추고 있구나

푸른 숲속 더위가 바람의 왕국에 밀려

고개 숙이며 작별하는구나

저녁노을 타고 멀어지는

그대가 힘겨웠지만 미워할 수 없구나

─2024 갑진년 삼복더위에

• 김억규 지음 •

계묘년癸卯年을 보내며 • 만나면 행복한 웃음을 주는 사람 • 인제는 강원도의 힘이다 • 소나무와 까치 • 들국화 향기 그윽한 길 떠난 형 • 형제 같은 변함없는 사랑으로 • 사람은 누구나 자신의 역사가 있다 • 보고 싶은 사람 살아 있을까 • 낙향한 친구 집을 찾아 • 호랑이보다 무서운 것이 민심이다

photo poem
지리산의 아침을 맞이하며 | 청춘의 그리움 | 친구와 함께 걸었던 길 | 오월을 맞이하며

PART 2
소나무와 까치

계묘년癸卯年을 보내며

 60년 전 계묘년에 17살, 고등학교 1학년이었다.
 어르신들의 말씀은 계묘년 보리흉년이라고 하였다. 농사는 풍년이었는데 수확기에 비가 쉬지 않고 너무 많이 와서 햇볕에 보리를 말리면 다음 날에도 비가 반복되어 보리 싹이 돋아서 식량에는 도움이 되지 않았다.
 경제가 어려운 시절 미국 원조를 받은 밀가루 배급으로 산과 들을 헤매며 쑥을 뜯어 밀가루 반죽으로 연명하였다. 영양실조로 어린이 얼굴에는 마른버짐이 피고 머리에는 부스럼과 피부병이 전염되었다. 자식 배불리 먹이지 못한 부모의 심정은 하늘을 원망했을 것이다. 오죽했으면 이런 소문이 떠돌았다. 마을에 사는 깨어 있는 형들의 이야기는 일본에 밀항하면 불법체류자도 하루 임금이 쌀 한 말 가격이 된다는 것에 꿈만 같았다. 지금 생각하면 그 당시 경제적인 차이는 사실이었을 것이다. 생각하기 싫은 계묘년을 맞아 과거는 잊지 않고 보람 있는 한 해를 보내야 한다는 각오를 새겼다.

은행나무 옆에 있는 종실이 남해고속도로에 편입되어 실용적으로 증축한 종실은 품격이 없었다. 비가 오면 누수가 심해 종친들은 고민이 많았다. 구획정리로 불하받은 팔룡동 대지 네 필지가 한국은행 직원 사택으로 매각되었다.

"은행에서 잠자고 있는 종실기금으로 어르신들이 살아생전에 무엇을 남기고 가야 보람된 삶이 되지 않겠습니까?"

설득 끝에 문화재 전문가를 만나 원목 기와지붕 건물이 신축되었다. 22년이 지난 세월에 대부분 돌아가셨고 몇 분만 산증인으로 생존해 계신다. 강산이 두 번이나 변한 지금에 새 단장을 하자고 의논이 되었다. 몇몇 기술자를 접촉했지만 일손이 많다고 모두가 사양했다. 난감한 마음에서 비슷한 직종에 종사하는 절친한 사람 소개로 생면부지의 '엠엔제이건설' 정해현 사장님을 만난 것은 행운이었다.

  11월 초에 만나 27일 묘사 날 이전까지 마무리하기로 약속은 했지만 검증되지 않은 실력에 책임감으로 마음이 무거웠다. 작업 시작 삼 일이 지나 현장에서 크레인을 타고 먼지 마시며 열심히 일하는 모습이 고마워서 소문난 밀양돼지국밥집에서 직원들 모시고 수육과 국밥, 술을 대접했다.

  마음씨 후덕한 정 사장은 우리가 요구한 것은 조건 없이 기분 좋게 해주었다. 묘사廟社 날 261명 선조님 위패 앞에서 행사가 끝난 후 일가분들이 눈 가는데 없이 훌륭하게 잘했다는 칭찬에 마음이 흡족했다. 아는 지인들을 모시고 종실을 구경시키며 가문의 자랑과 종실 역사를 소개했다. 창원 남산공원에 가볼 만한 문화재로 백촌 김문기 선생을 모신 세한제歲寒齊 종실이 등재되었다고 설명했다.

사진은 본채 전경이고 대문 효광문曉光門과 백촌 제단비와 효선사孝善舍(부인들 음식 만드는 곳)은 사진에서 빠졌다. 네 개의 건물이 일정하게 같은 색으로 조화롭게 잘 단장되었다. 1963년 계묘년은 가난하고 힘든 한 해를 보냈지만 2023년 계묘년은 부강한 나라의 국민으로 보람되고 알찬 한 해를 보내면서 좋은 기억으로 영원히 남을 것이다.

만나면
행복한 웃음을 주는 사람

우리가 살아가면서 사람과의 만남이 중요하다. 만나면 기분이 좋고 웃음과 행복을 주는 사람이 있다. 어쩔 수 없는 모임에 불쾌감을 주는 심사가 고약한 사람도 있다. 그런 자리는 멀리하고 싶은 마음이지만 착하고 선한 친구가 더 많기에 분위기는 즐거워진다.

한 마을에 넓은 주택에 사는 조광수 친구와 김조일 선배님과 부담 없는 점심식사를 하고 찻집에서 하루를 즐긴다. 친구 내외분의 고향인 함안운동장 근처 가원식당은 소고기 찜이 특미였다. 아라가야 로고가 새겨진 막걸리 한 잔으로

점심식사는 기억에 남았다. 자연친화적인 정원이 넓은 '던' 카페 찻집의 커피 맛은 일미였다.

자리를 옮겨 일제 때 여름 장마철 낙동강 범람을 막기 위해 조선인 노동력으로 2.5km 쌓았다는 악양둑방길을 걸었다. 언덕에 핀 금계국과 양귀비, 수레국화는 장관을 이루고 걸으면서 즐기는 아름다운 길이다.

멀리 보이는 악양루는 '처녀 뱃사공' 노랫말이 탄생한 곳이다. 유랑악단 단장 윤부길(가수 윤항기와 윤복희의 부친) 씨가 노 젓는 처녀의 애절한 사연을 듣고 작사해서 한복남

작곡 황정자 가수가 불렀다. 요즘에는 송가인 가수가 심금을 울리면서 불러 국민가요가 되었다. 6·25전쟁 중 군에 간 오라버니를 그리워한 노래다.

　다음으로 아라가야 박물관에 도착했다. 박물관 책임 관장님의 안내를 받으며 포토존에서 왕릉을 배경으로 기념사진을 남겼다.

　관장님의 성의 있는 해설과 질문과 답변으로 가야문화 역사를 공부했다. 문양이 새겨진 아라가야 유물은 허리가 잘록한 마호병같이 생겼다.

　말이산 산성 고분에서 출토된 700년 잠에서 깨어난 아라홍련 씨앗은 고려인의 지혜였던 것이다. 그 씨앗을 살려서 퍼트린 결과 여름에 아라홍련 연꽃 만발한 꽃구경하러 해마다 들른다. 역사는 승자가 기록하고 패전국 문화는 사라지는 것이다. 37개 가야 왕들의 무덤을 유네스코에 등재하려고 노력하고 있다는 말씀에 다행이라 생각한다. 신라 김유신 장군도 가야인으로 자신의 노력으로 극복했을 것이다.

　우리 일행은 맛집과 찻집을 다니며 문화탐방 기회를 가진다는 것은 보람된 일이다. 만나면 기분 좋고 행복하니까 또다시 기다려진다.

김조일 형은 언론사 사장을 역임하셨고 홍희자 중등 교장 선생님은 가원식당 사장님이 제자라서 후식이 특별하게 좋았던 기억이 난다.

  친구 조광수 씨는 삼성항공 임원으로 근무하다가 퇴임하고 기업을 경영하다가 일선에서 물러나 안분지족安分知足으로 선비 같은 삶을 살고 있다.

  배의자 님과 아내 김경선은 푸른 잔디 밟으면서 정을 나누는 사이이다. 여섯 분은 건강하게 오랫동안 옛날 모습 변함없이 만남이 이루어지기를 바란다. 남은 인생 행복한 웃음으로, 오늘이 즐거우면 내일도 아름다운 세상 열리기 마련이다.

인제는 강원도의 힘이다

 지금부터 55년 전 강원도 내설악 상류 소양강이 흐르는 인제군 남면 가로리에서 군생활을 했다. 계절 중에 겨울 지나기가 고생이었다. 구름만 모이면 눈이 되어 지붕 위에 쌓이면 무게에 못 견디어 무너질까 봐 야간 근무 중에 고무래로 쓸어내리는 것이 힘든 일이었다.
 소양강 넓은 강가에 키가 큰 소나무 광장은 운전 교육장으로 사용했다. 본부대 이웃 2기갑대대에서 근무하다가 병장 진급과 동시 파견 근무로 3군단 운전 교육대에서 2년 가까이 제대 직전까지 근무했다.
 겨울이면 소양강 얼음 구멍을 뚫고 퍼올린 물을 식수로

사용했다. 진달래 피는 봄이 와 설악산 관광버스가 군축령 다리를 지나가면 옥색의 소양강 푸른 물결 위에 나는 물새가 한 폭의 그림 같았다.

6·25 참전용사 이형술 상사님의 배려로 일요일 외출은 가로리 양조장에서 막걸리 한 말 사서 백사장에서 즐겼던 여유로운 휴식은 기억에 남는다. 그 시절 대한민국 국민 소득은 700불 미만 시대였다. 북한보다 뒤떨어졌지만 미래의 희망으로 우리도 잘살 수 있다는 자신감을 가졌다.

사랑했던 전우들은 외화벌이로 목숨을 담보 삼아 월남전에 참전했고 남은 우리는 공백을 메우기 위해 전방을 지켰다. 신병교육생이 입교하면 단위에 올라 외쳤다. 제군들은 국방의 의무를 수행해야만이 떳떳한 사회인이 된다는 일념 아래 춥고 배고픔을 견디며 사고 없이 군생활을 마치는 것이 부모님의 마음일 것이다. 그날까지 건강하고 전우들과 잘 지내기를 당부한다. 언젠가는 우리나라도 잘살아서 후배들은 보다 좋은 환경에서 군생활을 할 것이다. 우리 다 같이 두 주먹 불끈 쥐고 단결로 선창하면 파이팅을 외치며 하늘로 팔을 쭉 뻗자. 지금 생각하면 젊은 날의 용기가 만용이 아니었나 부끄러울 뿐이다. 우리부대는 이탈자 없이 무사히 졸업했다.

  사진 속의 앞줄에 앉은 세 사람 중 중앙에는 교육대장 장교님이고 우측에는 공수부대 출신 부사관님 좌측에는 본인이다. 뒷줄 가운데 작업모를 쓴 이는 조교이며 모자창이 비스듬히 넘어간 방한모를 쓴 군인은 교육생이다. 조교와 교육생은 화합과 믿음으로 사고가 나더라도 문책 없이 잘 수습했던 것이다. 사진 속의 그날을 보니까 무장공비 김신조 일당이 내려오기 하루 전날 우리들은 평화롭게 기념사진을 남겼다.

  나보다 많이 배우고 똑똑한 친구들이었지만 헤어질 때 초병인 우리들에게 힘과 용기를 준 김 병장님과 만남을 영원히 잊지 않을 것이다. 눈물 흘리며 헤어진 사진 속의 69명 전우들은 어디에 살고 있는지 배고프고 힘든 시절이었지만 사랑과 우정이 담긴 우리들의 젊은 날이었다.

  그곳에 가고 싶어 속초에서 하룻밤 묵고 버스 편으로 미시령을 지나 진부령 터널을 통과하기 전 원통마을은 변함없이 옛날 그대로였다. 보고 싶은 군청 소재지 인제읍은 반세기가 지난 세월에 발전된 모습으로 도시가 깨끗하게 정돈되었다. 고향이 경주인 친구와 지금도 카톡으로 안부 전하는

강원도 인제 가로리 소나무 광장에서

눈물 흘리며 헤어진 사진 속의 69명 전우들은 어디에 살고 있는지
배고프고 힘든 시절이었지만
사랑과 우정이 담긴 우리들의 젊은 날이었다.

• 김억규 지음 •

서울에 사는 이원석이와 같이 크리스마스 이브 밤 걸어서 눈 내리는 군축령 고개 넘어 인제에서 소문난 중국집에 도착했다.

탕수육과 짜장면으로 술 마시고 노래하며 기분 좋은 추운 겨울밤 청춘의 그날은 잊을 수가 없다. 지금도 그 중국집이 있을까? 전통을 살리려고 대를 이어 영업을 했으면 하는 바람이다.

쉼터 가로리 휴게소에서 바라본 소나무 광장과 이웃 관대리에 주둔한 3군단 사령부도 수몰되어 양구로 옮겼다는 것이다. 군축령 다리 넘어 백사장에서 막걸리 마신 그곳은 유람선 마지막 선착장으로 경관이 수려하다. 언젠가는 건강이 유지될 때 춘천에서 유람선 타고 가로리까지 가고 싶은 마음이다.

'인제 가면 언제 오나 원통해서 못살겠네.'

구전에 내려오는 이 말의 유래는 인제는 산악지대로 땅은 넓고 인구 밀도가 낮은 곳으로 어느 시대 임금이 난리를 피해 이 고을에 와서 머물렀다는 것이다. 왕이 살던 그곳의 사정이 궁금하여 사람을 보냈으나 소식이 없어 다시 사람을 보내면서 인제 가면 언제 오겠느냐 만약 오지 않는다면 원통해서 못 보내겠다는 것이다. 기록에는 없는 줄 안다.

  원통은 6·25전쟁 중에 육군 2사단이 주둔한 자리다. 치열한 전투에서 서부전선 개성은 빼앗겼지만 동부전선 삼팔선 북한 땅 인제와 원통을 사수하려고 국군의 많은 희생으로 애환과 한탄에서 유래되었을 것이다. 설악산에서 발원된 소양강 푸른 물결은 강원도의 힘이다.

  인제라는 지명이 방송에 나오면 가슴 설레고 정감이 가는 내 젊음이 묻어 있는 영원히 잊지 못할 마음의 고향이다.

소나무와 까치

　아침에 눈뜨면 습관적으로 재활용 봉투와 음식물 쓰레기를 분리수거 후 생활체육시설 운동장에서 걷기운동을 한다. 아파트 주민과 주택에 살고 있는 아주머니들과 "안녕하세요!" 주고받는 인사에 하루가 시작된다. 간혹 먹거리와 음료수를 가지고 와서 운동 마치고 나눠 먹는 재미도 즐거웠다.
　나도 이웃 떡집에 절편을 푸짐하게 주문해서 함께 먹고 남는 것은 비닐봉지에 나누어 집에 가지고 갔다. 함께 걷는 여자분은 시장에서 생선 횟집을 한다기에 여러 번 방문했다. 갈 때마다 흡족한 대접을 받았다.

영리한 까치가 죽을 나무에는 집을 짓지 않는다고 한다.
비바람을 막고 튼튼한 보금자리에서 예쁜 까치 가족의 탄생을 지켜볼 것이다.

· 김억규 지음 ·

아침의 맑은 공기 상쾌한 솔바람에 기분 좋은 하루가 열린다. 살면서 생활의 지혜와 역경을 딛고 일어서는 우리 주변의 소소한 이야기를 귀담아듣기도 했다. 2023년 3월 2일 아침에 까치 두 마리가 소나무 위에 교대로 바쁘게 움직이고 있었다. 아파트 정문 우측에 키 큰 소나무 여러 그루 중에 시들어 가는 나무 꼭대기 삼각진 가지에 집을 짓고 있었다.

  자세히 살펴보니 8일 전 2월 22일 관리소장님한테 전화로 퇴비와 북면 가서 막걸리 한 말 사서 오후 4시에 소나무 현장에서 만나자고 약속을 했다. 소나무 바닥 주변에 잡풀을 제거하고 퇴비 뿌리고 골을 파서 우리가 먼저 한잔 하고 술을 부었다. 주변에 무성하게 자란 나무가 많은데 기력이 쇠잔한 그 나무에 보금자리를 짓는다는 것이 아파트의 행운으로 생각했다. 영리한 까치가 죽을 나무에는 집을 짓지 않는다는 것 알고 있었지만 내 마음의 진심 어린 성의를 알고 있었을까? 비바람을 막고 튼튼한 보금자리에서 예쁜 까치 가족의 탄생을 아침에 지켜볼 것이다. 신기하고 감동적인 마음에서 벽산 입주자 대표님 카톡에 까치집 신축하는 모습과 하늘을 나는 까치를 포착하기 위한 여러 장의 사진 속에 한

장의 작품과 글을 보냈다. 시들어가는 소나무 한 그루에 퇴비와 막걸리 한 말 정성으로 가꾼 보람에 3월 2일부터 까치집 보금자리를 꾸미고 있습니다. 살아날 수 있다는 희망의 소나무에서 까치 가족이 생긴다는 것은 우리 무학산 벽산블루밍 아파트의 경사스럽고 행운의 길조라고 생각합니다.

여러분 새 생명의 탄생을 기대하면서 축복합시다.

들국화 향기 그윽한 길 떠난 형

 유년 시절부터 한마을에서 동거동락했던 마음씨 착한 감해수 형은 부잣집 작은 머슴으로 열심히 일했다. 고향은 한림정 낙동강 강변 마을인 줄 안다. 부모님을 일찍 여의고 우리 동네가 고향이었다.
 6·25전쟁 중에 낙동강 전투 보급수송로가 창원역이었다. 마을에서 가까운 거리로 밤이면 청년들과 보급품을 훔치는 작전을 하였다. 처음에는 가난한 나라 젊은이들 장난으로 생각했지만 횟수가 늘어나고 보급에 차질이 생기니까 사격명령이 내려졌다. 작은 체구 해수 형의 의무는 철조망 안에 적재된 타이어를 빼돌리면 안에 들어가 발로 굴리면서 사

정거리 밖으로 나가는 것이다. 흑인 미군 보초병은 바람도 불지 않는데 타이어가 시야에서 멀어지는 것을 보고도 총을 겨누지 못했다.

종전이 되고 난 후 용돈 수입이 끊어지고 세월이 지나 군에 입대하였다. 논산훈련소 교육 마치고 미2사단 카투사에 배치되었다. 휴가 나온 형은 베레모를 쓴 말쑥한 차림으로 마을에 나타났다. 사람 팔자 알 수 없다는 말이 실감이 났다.

"형은 직업 군인이 되면 미국도 가보고 좋겠네. 농사일은 희망이 없잖아."

송충이는 솔잎을 떠나 살지 못한다는 말처럼 제대하고 머슴살이를 천직으로 알고 살았다. 나도 1968년 4월에 강원도 인제에서 군생활을 마치고 고향 집으로 돌아왔다. 마을공동체 주선으로 관광버스 타고 경주에 봄놀이를 갔다. 책임자는 내 형님과 마을 이장님이었다. 다같이 어울려서 술 마시고 노래하며 흥겹게 놀면서 불국사에서 경주로 오는 길에 보리밭 근처에서 볼일을 보고 차는 출발하였다.

시간이 지나 해수 형이 보이지 않았다. 마음씨 착한 기사님의 배려로 다시 돌아 보리밭 구석진 곳으로 달려가 해수 형을 불렀다. 똥무더기 앞에서 다리 뻗고 대성통곡 울고 있었다.

"형 찾아 여기까지 다시 왔어, 일어나서 버스로 가자. 동네 사람들 기다리고 있어."

바지를 입혀주고 언덕을 오르면서 "저 무더기도 가지고 갈까?" 그때야 빙그레 웃으면서 "옥구야(억규 발음이 잘 안 되어서 불렀던 이름), 고맙다."며 눈물 글썽이던 얼굴이 지금도 잊히지가 않는다.

살아 계실 때는 가끔씩 놀려주고 했던 것이다. 세월 지나 농경사회에서 산업화로 환경에 적응하지 못하고 있을 때 사업하는 후배 중소기업 회사 포장반에 단순노동으로 취직이 되었다. 규칙적인 생활에 밝고 건강하게 보였다. 한마을에 자란 아우가 보다 좋은 조건이 있다고 꼬드겨 직장을 그만둔 이후로 후회하며 눈물을 흘렸다.

점심 식사는 우리 직원들과 함께 먹었다. 거처는 마을 형의 아래채에 어린 동생들과 기거하면서 굶지 말라고 라면을 박스로 사주기도 했다. 운명의 그날 밤에 배가 아프다고 고통스럽게 뒹굴다가 시간이 지나 조용해서 새벽녘에 깨우니까 눈을 뜨지 않고 심장은 이미 멈추었다.

보라색 들국화 향기 그윽한 마음씨 착한 해수 형,
남들은 팔불출이라 해도 선하게 살았기에 마지막 길은
모든 이가 애도하고 그리워하며 행복하게 보였다.

• 김억규 지음 •

출근을 하니까 집주인 되는 형이 기다리고 있었다. 사무실에서 차 한잔 나누면서
"김 사장! 해수가 죽었다."
"아침에 전화 받았습니다."
"어떻게 하면 좋겠나."
"형은 어릴 때부터 동네 들어와서 생을 마감했으니 우리가 힘을 합쳐 예를 갖추는 것이 도리인 줄 생각합니다."
"김 사장 말에 큰 위안이 되는구나."
"비용은 제가 부담할테니, 사람들을 모아 봉사로 수고해주세요."
마을 유지들과 이장님이 한자리에 모여 외로운 해수 형의 장례절차를 의논하였다. 목재상에 소나무로 제일 좋은 관을 맞추고 음식은 봉사로 수고하시는 분들을 위해 풍족하게 주문하였다. 관 위의 명전 글씨는 집안 아저씨가 쓰시고 관을 실은 수레에 구절초 꺾어 꽃상여 만들어 존경받는 어르신과 여러 사람들 함께 공동묘지로 떠나는 해수 형은 행복하였다.
보라색 들국화 향기 그윽한 마음씨 착한 해수 형, 남들은 팔불출이라 해도 선하게 살았기에 마지막 길은 모든 이가

애도하고 그리워하며 행복하게 보였다. 많이 배우고 똑똑한 사람들, 권력과 부와 명예를 가진 자, 교만에 빠져 사람 무시하는 그 사람들 죽음보다 해수 형의 죽음이 더 거룩하게 보였다.

형제 같은 변함없는 사랑으로

 1996년 딸은 대학생으로 아들은 고등학교 입학으로 청운의 꿈을 안고 서울로 떠났다. 아내도 아이들 뒷바라지를 위해 서울에서 머무는 시간이 많았으므로 혼자 생활에 무료함을 달래기 위해 골프에 입문하였다.
 사람을 좋아하고 잘 어울리는 성격에 아침에 만나는 분들과 뜻을 같이하여 모임을 결성하였다. 모닝과 마산, 무학골프장 영문 첫 글자 M자와 골프 영문자 G에 착안해서 MG 클럽으로 이름 지었다. 세월은 흘러 창립회원님들 사정에 따라 운동을 그만두시는 아쉬움도 있었지만, 골프가 대중화되면서 부부가 같이하게 되었다. 본인도 발목 수술 후 힘

강매경⇔박덕양, 김정숙⇔차한섭, 김증자⇔송호영, 김명숙⇔박현덕
서미경⇔김해수, 허동련⇔안명헌, 이필순⇔박복성, 김경선⇔김억규

든 2년 동안 재활 운동으로 다시 시작한 골프가 눈물겹도록 반갑고 기쁜 마음이었다. 창립의 주역으로 순수하고 착한 회원님들을 위한 배려를 우선으로 생각했다. 2021년 11월 4일 창립 25주년 기념행사를 순천 파인힐스CC에서 개최하였다. 사반세기 골프 모임은 역사적이다. 가족 같은 분위기는 아내들의 내조가 있었기에 일심동체가 된 줄 안다. 16명의 아름다운 사람들 이름만 불러도 가슴 설렌다. 맑고 푸른

가을 하늘과 초록색 잔디 위를 걸으면서 웃는 모습은 세상에서 제일 멋진 자연을 담은 행복한 한 폭의 수채화다. 형제 같은 변함없는 사랑의 MG는 살아 있는 내 마음의 고향이다.

사람은 누구나
자신의 역사가 있다

    사람 함부로 무시하지 말라. 평생 동안 열심히 살았다. 가족과 자식 교육을 위한 처절한 몸부림이었다. 국가 경제 발전은 알고 싶지도 않았다.

    1977년 어느 날 수출 100억 불 달성 기념축하로 회사에서 술과 음식이 나왔다. 돈이 된다는 극한직업에 두려움이 없었다. 앞만 보고 열심히 일하다가 세월에 밀려 황혼이 찾아왔다. 연결된 관절 마디가 시리고 아픔으로 보행이 팽귄처럼 뒤뚱거린다. 젊은 시절 밤을 새우며 일한 자신이 아~아~ 대한민국이다. 땀 흘리며 가꾸기는 힘들지만 곳간 비우

기는 순간이다. 뙤약볕 태양 아래 등짝에 땀 젖으며 노동의 가치를 느껴보아라. 돈의 소중함을 알 것이다. 어설프게 걸어가는 저 노인을 무시하면 미래에 자신도 늙으면 후회한다. 노동법을 알고 싶지도 않았을뿐더러 사랑하는 가족을 먹여 살린다는 오직 그 길만이 최선이라고 생각했다.

사람은 누구나 자신만의 역사를 품고 오늘을 살고 있다.

보고 싶은 사람 살아 있을까

 문득 문득 생각나는 사람, 그 사람은 어느 하늘 아래 살고 있을까. 고향이 남쪽인 그 친구가 보고파서 오래전 여행길에 만난 군청 직원한테 이름 석 자 알려 주며 수소문하였지만 알 길이 없다는 소식만 전해 왔다. 군 파견 근무 휴일날에 친구들 데리고 친정 부대 놀러 가면 반갑게 맞이하고 술을 사는 넉넉한 마음과 웃음이 떠나지 않는 그 친구가 보고 싶구나. 한 달 먼저 전역하는 날 "먼저 떠나서 미안하데이…." 그 말이 지금도 잊히지가 않는구나. 제발 살아만 있다면 둘이 찍은 사진 보면서 젊은 날로 돌아가 별이 지는 밤을 새우며 추억의 앨범을 넘기리라.

보고 싶은 군대 친구 박의남

문득 문득 생각나는 사람,
그 사람은 어느 하늘 아래 살고 있을까.

• 김억규 지음 •

낙향한 친구 집을 찾아

　오늘은 멋진 하루, 봄날을 아내와 함께 즐겼습니다. 친구 월암 전호영의 고향 고성군 개천면 가천리 농장에서 쑥 머위 채나물 두릅을 한 보따리 따고 간식 요기로 약밥과 떡을 맛있게 먹고 메기 매운탕 점심은 일미였습니다.
　눈부시게 핀 벚꽃 길 따라 드라이브하여 진주 더웨이닝 커피집 멋지게 꾸민 조경 아래에서의 정다운 담소는 봄날이 떠날까 아쉬움이 남은 인생 최고의 하루였습니다. 인생은 아름다워 영화처럼 영원한 추억으로 간직하고 싶은 하루였습니다.

인생은 아름다워
영화처럼 영원한 추억으로 간직하고 싶은 하루였습니다.

호랑이보다 무서운 것이 민심이다

　인간사 살아가면서 많은 사람과 만나고 헤어지며 좋은 관계를 유지한다는 것이 쉬운 일은 아니다. 때로는 성격 차이와 이해관계로 다투기도 한다. 원한이 마음속에 응어리지면 만나서 상대방의 말을 경청하며 역지사지易地思之 자세로 태도를 바꾸면 된다. 비 온 뒤에 땅이 굳어지고 밝은 태양이 비치는 것이다. 평범한 범인凡人들도 자신을 낮추고 겸손하면 향기 나는 인생으로 사람들이 모이는 것이 사실이다.
　조직을 이끌어 가는 사회나 국가를 경영하는 지도자도 본연의 자세를 잃어서는 안 된다. 국민만 바라보고 자신을 낮추며 겸손하면서 최선을 다하면 퇴임 후에도 존경받고 여생을 편안하게 지낸다. 복수심에 불타 정적을 무너뜨리기 위해 발탁한 금부도사禁府都事 역할에 충실한 사람에게 임명장 주며 "우리 총장님 살아 있는 권력에도 눈치 보지 말고 용기 있게 일하세요." 국민들의 눈을 가리고 음흉한 권력의 장막에서 놀아났던 것이다. 검찰개혁에 반기를 드는 사람과 갈등의 골은 깊어갔다. "나는 사람 보고 충성하지 않는다." 멋진 말 한마디에 국민들은 공정과 정의를 바로 세울 지도자로 신뢰하였다.

한 사람의 지도자를 만들기 위해 나섰다는 윤핵관이라는 사람들 중 나라의 미래를 생각하는 진정성 있는 사람은 없었다. 손바닥보다 작은 권력 유지를 위해 간신들은 지도자의 눈과 귀를 막고 아부하는 무리들이 주변을 에워쌌다. 대선 때에는 젊은 정치인한테 '백 년에 한 번 나오지 못할 우리 대표님'이라 추켜세웠지만 권좌에 오르면서 이상한 프레임을 씌워 내부총질이라며 축출시켰다.

국민이 보는 신성한 군주의 이미지는 그때부터 균열이 가기 시작했다. 식사 한 끼 대접을 받아도 고마워서 잊지 않고 갚아야 된다는 마음이 인간의 도리道理이다. 집권 여당의 당

대표는 2년이 안 되는 기간에 다섯 번이나 바뀐 것은 지도자의 책임이다. 입맛에 맞는 꼭두각시 대표를 두고 마음대로 하겠다는 것이다. 국민이 뽑아준 지도자가 국민 여론은 뭉개 버리고 당심으로 구미에 맞는 대표를 임명한다는 것은 독선이다.

민심을 파악하고 정신 차린 줄 알았던 국민은 강서구청장 보궐선거에서 보여준 오만과 독선, 불통에 성난 민심이 표출되었다. 2024년 4월 10일 22대 총선에 집권 여당 국민의힘은 108석이란 초라한 성적표로 참패하였다.

영남당을 벗어나지 못한 올드보이의 귀환으로 앞날이 보이지 않는다. 국가의 미래가 걸린 노동, 교육, 연금 개혁이 물거품이 되지 않나 걱정스럽다. 반환점도 돌지 않은 지금이라도 아부하고 간신의 눈매로 머리 조아리는 사람 멀리하고 각을 세우며 바른말로 직언하는 사람을 기용하면 국민들의 마음은 다시 돌아온다.

자존심 조금 상해도 의료파동은 국민들의 생명과 건강을 생각해서 2천 명이라는 숫자에 매몰되지 말고 백지상태에서 진정성 있게 대화하는 것이 국민을 위하는 정치다. 기자회견을 자주 열어서 잘못은 진심으로 인정하고 뉘우치면 국민들에게 신뢰를 주는 것이다.

　전직 검사의 관행으로 법의 잣대에서 상대를 지배하고 호령한다는 생각에서 벗어나야 한다. 국민은 앞서 있는데 정치는 후진국을 벗어나지 못하고 있다.

　상대 당 대표와 후보 흠집 내는데 초점을 맞추어진 것이 패인이었다. 이조심판 이재명, 조국, 한동훈 대표, 선거대책 본부장 총선 구호와 윤석열 대통령 대파 파동은 현실에 동떨어진 실언으로 국민의힘은 총선 3연패를 당했다. 나쁜 놈 중에 덜 미운 놈을 선택한, 정책이 실종된 선거였다. 초심으로 돌아가 국민들한테 실망감을 주어서는 안 된다. 경제를 우선으로 민생과 국민의 어려운 심정을 헤아려 분야마다 전문가를 발탁하여 경청하고 야당과 협치協治하며 아우르는 정치를 국민들은 기대한다.

photo poem
지리산의 아침을 맞이하며

운무 속 새벽 빛살 타고 신선이 내려와

사슴과 놀고 있네 소나무 숲속에 숨어

배움의 욕심에서 귀담아들어도

사슴만이 알고 있구나 먼동이 나무 사이를

스며드니까 흰옷 입은 신선은 천왕봉에 올라

팔 벌리며 구름 속으로 사라졌다

—지리산 자락 산청 사슴농장 민박집에서

photo poem
청춘의 그리움

지난밤 꿈에 길을 헤매이던 나를
웃으며 안내해준 군 생활의 친구를 만나
기분 좋은 오늘을 맞이했다.
어둠의 가을비 맞으며 한마을에 사는
아우들과 소맥 한 잔의 술로 별처럼
조용한 친구가 그리워 전화를 했지만
소식이 없구나 저세상에서 보고파
꿈에서 만남이었나 무심한 자신이
세월을 핑계로 부끄러울 뿐이다.

photo poem

친구와 함께 걸었던 길

문영숙 作

그 길이 가고 싶어 아침 햇살 등에 지고

길 떠난 나그네처럼 찾아 헤매었다

세월이 지나 길섶에 자란 나무는 하늘을 가리고

너럭바위 쉼터는 변함없이 반기는구나

막걸리 잔 나눈 친구는 간 곳이 없고 세월에 등 떠밀려

가는 길 순서 없이 이별은 기억 속에 멀어진다

언젠가는 다시 만날 그날을 기약하며

이 아름다운 세상 별빛처럼 영롱한

아침 이슬처럼 내일의 태양을 맞이하리라

photo poem

오월을 맞이하며

오월이 오면 장롱 속에 간직한 새 옷

갈아입고 파란 하늘

바라보며 당당하게 걸어보자

강산에 푸른 숲속에 핀

꽃향기 싣고 불어오는 바람 한입 물고

푸른 보리밭 길을 달려보자

누가 말했던가 계절의 여왕이라고

장미꽃 한 송이 담아

사랑하는 사람한테 전해주렴

맑고 고운 오월의 여인이여~~

최고의 가치는 정직이다 • 역병에 사라지는 억울한 죽음 • 종실 가족과 선진 관광 가는 날 • 선생님과 만남 그날이 행복했다 • 존경받는 어른의 품격 • 한국 영화 최고의 걸작 〈오발탄〉 • 무학산을 오르며 • 메르켈 총리 • 옛날 그 사람들 그리움이 사무칠 때 • 세월호 10주기를 맞이한 지금

photo poem
산소에 핀 진달래 | 겨울 나그네 | 사랑의 작은 꽃밭·1 | 그 옛날 그 시절

PART 3
무학산을 오르며

최고의 가치는 정직이다

유년 시절 시골, 이웃 간 경계선은 흙으로 빚은 토담이었다. 넝쿨이 담을 타고 넘어 가을 햇볕에 누렇게 익은 호박이 탐스러웠다. 어느 날 아버지한테 이웃 내민 아지매도 모르니까 우리가 따서 저녁에 호박죽을 끓여 먹자고 말씀드렸다.
"그래, 좋은 생각이구나."
말씀하시며 큰 소리로 이웃 내민댁을 불렀다.
"당신이 심은 호박이 잘 익었으니 따가도록 하세요."
고맙다고 인사하면서 넝쿨만 축 늘어졌다. 어린 마음에 고이 간직한 보물이 빠져나간 허전한 마음이었다. 한편으로 아버지가 원망스럽기도 했다.
하루가 지난 다음 날에 누님이 큰 가마솥에 호박죽 끓여

정직하게 살아가는 사람은 떳떳하고 당당하게 가슴을 펴고 살지만
거짓으로 변명하는 사람은 죄지어 자신이 망가진다.

• 김억규 지음 •

저녁에 온 가족이 둥근 식탁에서 맛있게 먹었다. 식사 후 아버지가 말씀하셨다.

"규야, 남의 물건은 탐을 내어서는 안 된다. 정직하게 살아가는 사람은 떳떳하고 당당하게 가슴을 펴고 살지만 거짓으로 변명하는 사람은 죄지어 자신이 망가진다. 똑똑한 사람 거짓말은 일주일을 버티지만 보통사람 거짓은 삼일도 못 간다. 내 말 명심해서 살아야 된다."

어린 나이에 이해가 되지 않는 부분도 있었지만 호박 주인 내민댁이 가져간 대신 맛있는 호박죽으로 온 가족이 즐거웠던 행복한 그날이 생각난다. 아버지의 현명한 자식 교육으로 세월 지나도 변함없는 인생관으로 살고 있다. 남들은 고지식하고 술수 없는 우매한 사람으로 생각하지만 자신은 편하고 건강에 좋은 점이 많다고 생각한다.

글을 쓰는 수필가로 진실을 추구하는 양심의 문을 열면서 살아야 되지 싶다. 사람 좋아하는 인성에 양보하고 손해 본 듯 호주머니 털어 봉사하고 지갑 열면서 살아가면 기분 즐거운 인생이라 생각한다. 정직正直을 최고의 가치로 교육시킨 아버지를 생각하며 오늘은 산소에 꽃 한 아름 들고 술 한 잔 올리고 싶다.

역병에 사라지는
억울한 죽음

찬 바람 냉기에 움츠린 육신을 떠밀어 부모님 산소에 발길을 멈추었다. 따르는 술잔에 눈물 담아 아버지한테 묻고 싶습니다. 열여섯 소년의 나이에 모자간의 이별은 어떠했는지요. 무더운 여름날 역병 호열자(콜레라)에 어린 막내 삼촌 살리려고 애쓰다가 돌아가신 할머니와 영원한 이별이 1921년 일제 강점기였습니다. 그 당시 관료들은 조선인 차별 없이 괴질을 어떻게 극복하였습니까. 100년이 지난 대한민국 정부와 다른 점을 묻고 싶습니다. 아버지…….

국민의 생명이 최우선이어야 하는데 백신 구매도 하지 못한 국가가 원망스럽습니다. 선후의 일 처리를 구분 못하고 기회를 놓쳐 다른 나라는 예방접종을 맞고 있다는 소식에 부럽습니다. 각종 비리 은폐와 권력 연장만 우선으로 생각하는 집권층은 하늘 무서운 줄 모르고 민심을 우습게 보는 사람들입니다. 세금으로 거둔 돈 자기 주머니 돈 주는 것처럼 생색내면서 국민의 영혼을 병들게 합니다. 자유당 시절 고무신과 막걸리 한 잔에 정권의 말로가 왔던 기억이 납니다. 공정과 정의는 입에 달고 다니지만 다른 행성에서 불시착한 상식 없는 내로남불에 내공이 단련된 자들입니다. 사마천이 쓴 《사기史記》에 나오는 진나라 호혜왕과 환관 조고의 지록위마指鹿爲馬를 직언하는 신하는 없고 간신들만 득실대는 나라꼴입니다. 백 년 전 콜레라와 지금의 코로나를 대처하는 자세는 무엇이 다릅니까?

　K방역의 자만심이 하루 평균 일천 명이 넘는 3차 대유행을 낳아 서로가 불신의 시대에 살고 있습니다. 사람과의 사이 존중과 신뢰는 멀어지는 세상으로 변해갑니다. 사람이 먼저라는 입에 발린 헛소리에 믿음은 사라졌습니다. 입이 보살이란 말처럼 한 번도 경험해보지 못한 나라가 이런 것이구나 지금에야 깨달으며 처절하게 체험하고 있습니다.

아버지 어머니가 사는 세상은 거짓과 위선이 없는 줄 압니다. 거짓말은 하지 말라는 교육을 철저하게 받았으니까요. 진실하고 공정과 정의로운 세상에 사는 것이 희망입니다. 언젠가는 역병이 사라지겠지만 잊지 않고 기억하겠습니다.

종실 가족과 선진 관광 가는 날

어린 시절 추운 겨울날 아버지 따라 동쪽 마을 조씨가 운영하는 가게에 간 적 있다. 아버지와 일면식도 없는 분을 조씨가 소개하면서 술잔 권하며 족보책 16권을 백미로 환산한 가격에 샀다. 내가 지게에 지고 미나리 논두렁길 조심하며 집에 도착했다. 학문 깊은 아버지 지인분들 오시면 족보책을 펼치며 양반가문의 후손이라 자랑했다. 당시에는 우리 집안의 보물처럼 소중하게 생각하면서 장마철에는 습기 차지 않는 곳에 보관하였다.

아버지가 돌아가신 후 형님이 종실에 기증하였다. 세월이 지난 후 보자기에 쌓인 그대로 가지고 와서 차분하게 보

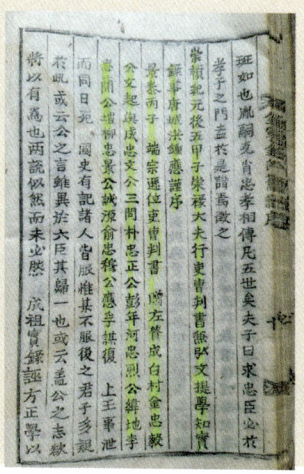 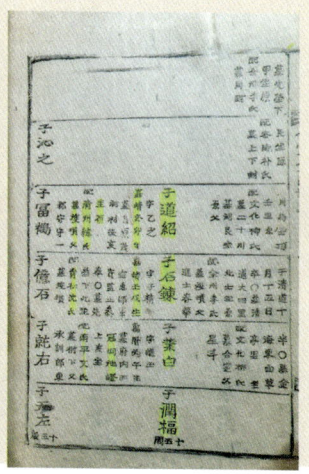

았다. 그 시대 새로운 역사를 알게 되었다. 파조인 백촌 김문기 선조님이 단종 복위운동에 실패하고 난 후 역적의 후손으로 노비와 은둔생활로 떠돌아 다녔다. 경북 상주에 거주하다가 충청북도 영동 산골 오지에서 다시 옮긴 곳이 따뜻한 남쪽 의창군 북면 무동리 외진곳이었다. 박씨들의 집성촌으로 사육신의 한 분인 박팽년과 내외종 간의 인연이라 동병상련同病相憐의 아픔으로 서로 도우면서 살았을 것이다.

영조 1731년 9대손 정구의 송원으로 275년 만에 사면되었다. 북면 무동에서 대처인 창원 동정동 옛 지명 관동冠洞에

정착한 지 290여 년 세월이 지났다. 그 당시에 만들었던 족보가 아버지가 보물처럼 간직하던 자료이다.

1권에는 단종 복위운동에 큰아들 현석 군과 억울하게 죽임을 당한 선비들의 숭모崇慕글이 한 권을 장식했다. 사육신보다 먼저 충의공을 추대한 규장각 학사 윤지현 글이 새로웠다.

2권에는 충의공 5대손 입향선조 도소道紹 자 석련石鍊, 자업백業白 자 윤복潤福 선조만이 족보에 등재되었다.

선조 어르신들이 남긴 근면과 성실·절약정신이라는 유산으로 2024년 5월 21 화요일 37명 종친들 뜻을 모아 관광을 가게 되었다. 종실 행사 단제와 묘사에 수고하신 며느님들을 생각해서 점심은 최고급 식당에서 푸짐한 만찬이었다.

선유도 아름다운 바다 풍경 가슴에 담고 새만금 방조제 기념탑에서 주먹 쥐고 '김녕회 파이팅!' 단체사진을 남겼다.

노란 금계국이 지천에 핀 오월에 봄바람 마시며 노래하고 춤추며 그날의 즐거움은 영원히 잊지 못할 추억의 앨범으로 남을 것이다.

선생님과 만남
그날이 행복했다

　세월이 지나도 잊히지가 않고 그리워지는 것이 신상철 선생님이다. 고등학교 1학년 담임 선생님으로 만남이 첫 인연이었다. 경남대학 사범대학 학장으로 퇴임하신 후 창원의 어느 식당에서 스승님을 뵙고 다음 날 원고를 보여드렸다. 문학의 참뜻도 모르면서 무모한 용기만으로 책을 낸다는 어리석은 행동에 스승으로서 책임감이 무거웠을 것이다. 선생님이 나를 문인단체에 가입시키려고 노력하신 노고가 세월이 지날수록 잊을 수가 없다. 추천서를 직접 써주셔서 《한국문인》으로 등단해 세종문화회관에서 등단 행사를 하

출판기념일 신상철 선생님과 함께

고 선생님이 창립하신 경남문협과 마산문협 회원으로 가입하였다. 원고지 교정을 도서출판 사무실에서 꼼꼼히 살피면서 책 제목은 《광야를 꿈꾸며》가 대중에 어필된다며 바꾸었다. 선생님의 진솔한 마음이 우러나는 서문을 써주셨고, 수필이란 꾸밈없이 흐르는 강물처럼 이런 것이구나, 지금에야 알게 되었다.

선생님의 권유로 《광야를 꿈꾸며》 출판기념회를 2004년 4월 9일 마산 사보이호텔 대연회석에서 개최하였다.

연회석을 메운 지인들을 보시고 "김 회장 인생을 잘 살았

구먼, 오늘 기분이 좋아."

 빙그레 웃는 순진하고 착한 그 모습은 내 기억 속에 영원히 살아 있다. 선생님은 아버지를 어릴 때 여의고 홀어머니와 어려운 환경에서 성장하면서도 서울대학 재학 중에 가정교사를 하면서 자립으로 성공하신 분이셨다. 언제나 남을 배려하며 경조사에는 빠짐없이 인사하는 것을 배웠다.

 선생님의 가르침에 고무되어 《광야를 꿈꾸며》 이후 《인생은 들녘에 핀 민들레》 《사랑은 별처럼 영롱하다》를 펴낸 후 팔순에 즈음하여 네 번째 준비 중에 선생님이 그리워 이 글을 쓰고 있다. 우람한 체구이지만 마음은 어린 소년 같은 빙그레 웃는 미소는 잊히지가 않는다. 선생님 사시는 곳도 문학이 왕성하고 착한 사람들과 웃음이 떠나지 않는 좋은 세상으로 믿겠습니다. 100년 만에 찌는 말복 더위에 한줄기 소나기는 선생님이 보내신 선물로 받겠습니다.

―2024년 8월 14일 갑진년 오후

존경받는 어른의 품격

　사람 평생 타인에게 존경받으며 살아가기가 어려운 일이다. 부모 자식과의 관계 돈독하면서 형제간 우애友愛와 깊은 사랑으로 효도孝道가 강물처럼 흐르면 화목한 가정으로 행복한 웃음이 떠나지 않는다. 세월에 부대끼며 자신의 생각대로 육신이 마음대로 움직이지 못하면 의지할 곳은 자식뿐이다.

　진심으로 부모를 존경하고 성심誠心으로 모시면 다행이지만 부모 재산을 기준으로 평가하는 자식은 교육이 잘못된 것이다. 할아버지 유산을 탐욕으로 혼자 차지한 부모는 자식들의 분쟁으로 결국은 의절하므로 노년을 쓸쓸하고 외롭게 보내기 마련이다. 자업자득自業自得이란 고사故事는 자신의 욕심으로 저지른 결과는 스스로 돌려받는다는 뜻이다.

　다복한 가정이란 말 쉽게 듣지만 내면을 들여다보면 돈으로 인해 가족 간 갈등이 주변에 허다하다. 재산이 많으면 많을수록 형제간 우애는 복원될 수 없는 원수같이 살아가는 사람들을 우리 주변에서 많이 볼 수 있다.

　작은 지방도시 돈 좀 가졌다고 목에 힘주고 다니는 사람 인성 좋은 사람으로 평판 받은 이 별로 없다. 형제들과 정의情義를 끊고 살아가는 사람들을 주변에서 많이 보았다. 사업 영역을 침범했다는 서로의 욕심에서 생긴 결과로 불행한 일이다.

　그 사람들 지역 유지로 언론에 자신을 과시하는 얼굴 내미는 자리 좋아하는 졸부근성인 줄 안다. 사회와 국민들한테 존경받는 기업인은 종업원 복지를 우선으로 생각하며 자신한테는 검소하고 소외된 계층 찾아 보이지 않는 따뜻한 손길로 잡아주는 사람이 훌륭한 사업가다.

　가정을 다스리는 존경받는 부모는 살아온 길이 한 점 부끄러움이 없어야 한다. 부모의 뒷모습 보며 자라는 자식들을 생각하면서 정직하고 바르게 생활해야 한다. 부모 유산을 바라보는 어리석음보다 자신의 노력으로 쌓아 올린 재산에 가치를 두는 것이 최고의 성품이다.

 자식은 부모보다 훌륭해야 집안이 융성하고 가문에 영광스러움으로 조상님을 뵙기에 부끄러움이 없다. 언젠가는 세월에 밀려 가는 길을 거역할 수는 없지만 바른 생각과 행동으로 배려와 봉사로 후회 없이 살았는가 자신한테 질문을 던져야 한다.

한국 영화 최고의 걸작
〈오발탄〉

   군 제대하고 첫 직장이 부산 동래 거제리 정비창 문관이었다. 해운대 근처 수영은 초가집과 양철지붕의 해안가 마을이었다. 당감동에서 방세를 절약하기 위해 수영까지 통근 군용 트럭으로 불편은 없었다. 저녁이 되면 해운대 백사장 거닐며 낭만이 있었다.
   당시에는 호텔은 극동호텔 하나뿐이었다. 박 대통령이 오시면 숙소로 이용하였다. 어느 날 호텔 앞 현수막에 신인 배우 모집 오디션이 있다는 것을 보았다. 어느 가을날에 젊음의 용기로 가보자 되고 안 되고는 하늘의 운으로 생각하자.

하루 휴가 내고 호텔 연회장에 들어서니 전국에서 모인 선남선녀들이 인산인해人山人海로 모였다. 알고 보니 접수한 순서대로 심사위원 8명한테 오디션을 보았다. 아침 10시부터 오후 4시 넘어서야 끝이 났다. 나는 번호표도 없이 심사위원한테 사정 이야기를 했다.

심사위원장인 유현목 감독님이
"좋아 해보시게."
"이름은 김억규, 고향은 경남 창원. 나이는 1946년생 22살입니다. 〈오발탄〉의 김진규 역을 해보겠습니다."
"그래, 좋아."

앓는 이를 뽑고 난 후 손수건으로 흐르는 피를 막으며 택시를 타고 운전기사의 행선지 물음에 '어디로든 아무 데나 가자~ 가자~ 가자' 어머니의 외침과 같이 갈 곳이 없는 무기력한 가장의 비애와 절망이 담긴 연기로 끝냈다.

유현목 감독님과 심사위원 전원의 박수 소리는 귀를 멍하게 했다. 감독님이 주머니에 있던 명함을 주면서 언제라도 찾아오라는 그 말씀이 마지막이었다.

서울 충무로 영화 거리에 사무실이 있었다. 세월이 지난 후 외양선을 타고 육지에서 직장 생활하면서 결혼하고 가정을 지키기 위한 책임감에 기억에서 멀어지면서 젊은 날의 꿈은 사라졌다.

그 이후 한국영화 100년사에 베스트 1위는 〈오발탄〉을 뽑았다. 1961년에 제작한 흑백 영화로 우리나라 최초로 해외 영화제 상을 받았다. 작가 이범선의 단편소설은 1959년에 출간되었다.

정착지 해방촌 판잣집에 월남한 한가족이 6·25 남북전쟁의 폐허 속에 비참한 삶을 시대상황과 함께 묘사한 영화였다. 작가, 감독, 배우가 의기투합하여 최소의 비용으로 만들었다. 당시의 최고 배우 김진규, 최무룡, 서애자, 김혜정, 문재신 씨는 출연료도 받지 않고 만든 영화가 대한민국 최고의 영화이다.

젊은 청춘인 나를 인정해 준 유현목 감독님이 만든 〈오발탄〉을 한 번 더 보고 싶다. 지금의 풍족하고 여유로운 대한민국이 오래전 세계에서 가장 빈곤하고 가난한 나라였다는 영화 〈오발탄〉을 권하고 싶다. 필름은 살아 있을까?

무학산을 오르며

오늘 아침에는 휴대폰을 손에 들고 관해정觀海亭을 지나 데크로드 길 따라 학봉 아래 만남의 쉼터에 도착했다. 무더운 날씨에도 건강을 우선으로 생각하는 사람들 주고받는 인사에 오늘 하루가 열리는 기분 좋은 날이었다.

내려오는 길 원각사 절 다리 아래 비각碑刻 세워진 것이 보고 싶어 물 흐르는 바위를 조심하며 건너서 사진을 찍었다. 1962년 9월에 세워진 동락계원들 27명 이름이 새겨졌다. 마산항이 개항 후 지역 발전에 공헌한 사람들로 생각하였다.

붉은색 5명의 성암은 당시에 죽은 사람으로 생각이 된다.

**무학산에서 발원된 서원곡 맑은 물은
마산시민의 영원한 쉼터고 후손에게 물려줄 고귀한 유산이다.**

5·16 군사혁명이 일어난 다음 해에 의기투합하여 마산에서는 힘깨나 쓰는 분들이었을 것이다.

무학산을 바라보며 서원곡 맑은 물 흐르는 바위에서 술 마시고 노래하며 풍류 즐기며 한평생 잘 살다가 이름 석 자 남기며 떠나간 사람들이었다. 이분들이 지역 발전에 업적을 남겼다는 글은 한 줄도 없었다.

62년이 지난 지금도 죽어가는 마산의 현실에 고민하는 사람 없는 줄 안다. 졸부 근성에 어깨 힘주는 사람, 권력자 나타나면 머리 조아리며 아부하고 자기 이익만을 생각하는 사람들뿐이다.

신라의 시성詩聖 고운 최치원 선생님도 무학산 산세 바라보며 서원곡 맑은 물 즐겼지만 빗돌에 글 한 자 남기지 않았다. 27명 동작계원들 저세상으로 떠났지만 후손들은 자랑으로 생각하지 않을 것이다. 서원곡 입구 무학산 수호신으로 480년 수령 은행나무와 조선시대 유림의 산실 관해정을 분명히 보았을 것이다.

이름 석 자 새기는 것이 자랑이 아니고 자연을 훼손하는 오물로만 보일 뿐이다. 고향 마산을 사랑하고 미래에 혜안이 있었다면 노산 이은상 선생님과 같은 세대로 문학관을 건립했더라면 동락계 빗돌은 칭송받는 송덕비頌德碑로 영원할 것이다. 당시에는 반대하는 시민단체가 없으니까 뜻이 있으면 길은 열리기 마련이다. 가고파 음악이 흐르는 예향藝鄕 마산으로 전국적인 고향의 브랜드가 되었을 것이다.

무학산에서 발원된 서원곡 맑은 물은 마산시민의 영원한 쉼터고 후손에게 물려줄 고귀한 유산이다.

메르켈 총리

유럽의 강한 민족 독일 메르켈 총리가 18년 임기를 마치고 떠나는 그날 베를린 시민들은 발코니에 나와 박수로 손 흔들며 작별했다. 세계인이 언제나 봐도 같은 의상에 변함없는 조용한 미소가 우리 위정자와 비교되었다.

• 김억규 지음 •

정직과 진실 있는 그대로 모습이 가장 빛난다는 것을 왜 모를까? 국정보다 외모에 신경 쓰는 정치인. 보톡스 맞고 눈썹 문신하며 카메라를 의식하는 사람들이 대한민국 위정자의 모습이다. 연륜에 맞게 하얀 머리가 바람에 날리며 고뇌하고 사색에 잠기며 국민과 국가의 장래를 걱정하는 정치인이 훌륭한 정치 지도자다.

베를린 장벽이 무너진 1989년 11월 9일 다음 해에 역사적인 독일 통일이 이루어졌다. 동독 출신에 통일된 여성 지도자의 한 사람으로 세련되고 멋있게 세계 정상들과 만나면서도 소박하고 진실한 공무원의 자세를 잃지 않았다.

퇴근 후 마트에 가서 저녁 반찬거리를 봉지에 담아 웃는 모습은 이웃집 착한 아주머니 같아 존경할 수밖에 없었다.

임기를 마치고 야인으로 전에 살았던 아파트에 한 사람의 시민으로 돌아간 앙겔라 메르켈 총리님! 2021년 7월 25일 세계인이 당신을 영원히 기억하며 사랑하고 존경합니다. 행복하십시오.

옛날 그 사람들
그리움이 사무칠 때

눈 내리는 겨울밤 마을 사람들 마실(외출) 나와 모이는 장소가 우리 집 안채 큰방이었다. 사립문과 대문은 미리 열어 놓고 손님을 맞이했다. 이웃 소답 할매, 봉림 아지매, 안성 이모·이모부, 대안 아재, 지귀동 아지매, 내민 아재, 가동 아재, 길자 엄마, 상국 아재, 저녁이면 정다운 얼굴로 다 같이 약속도 없이 모였다.

어둠이 깔리면 담벼락 울타리 숲에 부엉이 울음소리는 겨울밤 고즈넉한 분위기에 오손도손 이야기꽃이 피었다. 가을걷이 끝나고 기나긴 겨울의 여유로움에 처녀 총각들 결혼

서로를 존중하며 웃음이 떠나지 않는 담소談笑는
그리움에 사무치는 한 편의 수채화 같은 아름다운 정경이었다.

을 위해 중매쟁이가 바쁘게 오가면서 마을에는 훈훈한 인정이 넘쳐났다.

살매댁 딸 결혼식 날 품앗이로 각자의 배당이 나누어졌다. 시루떡과 찰떡, 단술, 농주, 묵, 잔칫날 필요한 음식은 서로 책임지기로 약속했다. 결혼 예단에 드는 비용은 아버지가 빌려주면서 일 년 후 원금만 받기로 약속하여 큰 대사를 앞두고 혼주는 마음이 가벼웠을 것이다.

이야기가 순조롭게 마무리되면 누님이 준비한 뜨끈한 삶은 고구마와 시원한 동치미에 아랫목에서 익은 농주 한 잔으로 익어가는 겨울밤의 정취는 낭만이었다.

서로를 존중하며 웃음이 떠나지 않는 담소談笑는 그리움에 사무치는 한 편의 수채화 같은 아름다운 정경이었다. 가난해도 인정이 넘쳐나고 농번기에는 서로 도우며 협동정신이 강했다. 수확기에 좋은 씨알은 이웃과 나누는 훈훈한 정이 넘쳤다. 진달래 피는 봄에는 뒷동산에 뻐꾸기 울고 밤에는 소쩍새가 울었다. 천주산 자락 양지바른 갓골마을에 산천은 변함없는데 그리운 그 사람들 어디로 가셨는지 골목길 걸으면서 사립문 두드리며 불러본다.

아지매~~~

세월호 10주기를 맞이한 지금

 2015년 4월에 펴낸 《인생은 들녘에 핀 민들레》에서 잔인한 사월의 슬픈 봄날 세월호 참사에 눈물 흘리며 한 편의 글을 썼다. 어느덧 사고 이후 10년의 세월이 흘러 또다시 되새기며 그날을 잊어서는 안 되고 기억하기 위해 새롭게 글을 쓰고 있다.
 강원도에서 팽목항에 내려오신 중년 남성의 방명록에

> 봄꽃 같았던 단원고 학생들에게 10년 전 4월 16일 밤새 울었단다. 나의 딸 아들과도 비슷한 나이의 너희였기에 가슴이 메어 아팠다. 세월이 흐른 지금 너희들의 영면을 빈다.

지금도 팽목항을 지키고 있는 손인성 신부님은,

피다 만 꽃봉오리인 채로 세상을 떠난 그 아이들의 영혼을 위해 기도합니다.

전 단원고 교장 김진명 씨는 평생 죄책감에 시달려 충남 서천 시골에서 6평 남짓한 컨테이너에 살고 있다. 물속에서 건져 올린 아이들의 시신이 눈에 선하다는 것이다. 불자인 선생님은 아침마다 기도하며 좋은 세상에서 다시 만나기를 약속하며 그날을 기다리겠노라고 다짐한다고 한다.

운명의 그날 강민규 교감 선생님과 담임 선생님들 14명이 동승했는데 11명이 목숨을 잃었다. 강 교감은 죄책감에 '혼자 살기에는 힘이 벅차다. 나에게 모든 책임을 지워달라'는 유서를 남기고 스스로 목숨을 끊었다.

그날 이후 김진명 교장은 직위 해제됐고 3개월이 지나 화성시 중학교 교장으로 강등 발령으로 근무 중 세월호 교장이 우리 학교에 근무하느냐고 민원에 시달려 정년 10개월 남겨두고 지금 살고 있는 컨테이너에 홀로 살고 있다. 아직도 물속에 잠긴 양승진 교사와 단원고 학생 남현철 박영인 군, 일반인 승객 권재근 권혁규 부자의 시신은 돌아오지 않았다.

우리는 기억하고 잊어서는 안 된다. 2014년 갑오년甲午年 4월 16일 오전 8시 48분 대한민국은 실종되었다. 17살 꽃다운 나이 단원고 2학년 학생들과 희생자 304명의 죽음으로 잔인했던 사월의 슬픈 봄날은 영원히 잊히지 않는다.

탐욕에서 일어난 안전사고였다. 세월호 선주 구원파의 우두머리 유병헌은 사업 번창을 위한 로비자금 50억이라는 거금으로 고급 골프채를 정관계 힘 있는 자들한테 선물했다는 것이다. 사실이라면 지도층 절반 이상은 자리에서 물러나야 한다. 천만 원짜리 골프채를 500명이 받았다는 결론이다. 죽었기에 모든 것이 묻혔다. 일본에서 낡은 폐선박 사들여 불법개조하고 정기안전검사에 당국과 결탁한 예견된 수순이었고 과적에도 무사히 통과된 것이 총체적인 안전불감에서 초래된 사고였다.

임금 아끼려고 지휘관인 선장도 비정규직으로 임시 채용하고 선원들은 승객 구명이 우선이라는 사명감과 책임감을 저버리고 자기들만 살길을 택했다. '누가 누구를 원망하랴' 근무 시간인데도 출근하지 않은 지도자가 마취에 헤어나지 못한 눈빛으로 '구명조끼는 안 입었나요?' 다음 지도자가 된 사람은 팽목항을 찾아 방명록에 '너희들이 고맙다' 국민들한테 실망과 분노와 슬픔을 주는 사람들이 최고 지도자다. 10년이 지난 갑진년甲辰年 지금도 변하지 않는 것이 대한민국 정치다.

좌·우로 국민을 편 가르는 이념에서 벗어나 부릅뜬 눈으로 깨어난 국민이어야 대한민국 미래에 희망이 있다.

• 김억규 지음 •

photo poem
산소에 핀 진달래

진달래 아름다움을 지금에야 알겠습니다

부모님 산소 언덕에 핀 화사한 꽃은

소월님의 영변에 약산 그 꽃입니다

서로 닮은 진달래와 철쭉

꽃이 먼저 피고 잎이 나면 진달래

잎이 먼저 나고 꽃이 피면 철쭉입니다

두견새의 피를 토한 울음으로 피었다고 두견화라고도 합니다

물감으로 표현이 쉽지 않은 아름다운 붉은 꽃빛

자연의 위대함에 경이로울 뿐입니다

우리들의 마음이 꽃과 같은 즐거움으로

늘 행복했으면 좋겠습니다

• 김억규 지음 •

photo poem

겨울 나그네

겨울이 힘 있고 잘난 척하더라도
저 밝은 태양 너머에는
봄을 간직한 만물의 기운이 약동하리라
눈 덮인 대지의 생명력은
엄혹한 현실을 박차고 일어서는 용기는
자연의 경이로움이다
고달프고 힘든 오늘이지만
봄은 산사에서 울리는 종소리 따라
소리 없이 사립문 앞에서 수줍게 웃고 있었다

• 김억규 지음 •

photo poem
사랑의 작은 꽃밭

어제는 진눈깨비가 내리고

오늘은 봄기운이 우리 곁에 왔습니다

자연의 오묘함과 경의에 감사한 마음으로

사랑의 작은 꽃밭 수분 먹은 땅속에도 봄기운이 찾아왔습니다

봄꽃 사러 화원에 가는 마음이 기쁘고 즐겁습니다

봄소식 전해주는 전령사로 행복을 선물하니까요

지난 혹독한 겨울에 모두들 힘들었던 마음

작은 위안이 되었으면 합니다

봄은 내 마음속의 꿈으로 간직하고 싶습니다

• 김억규 지음 •

photo poem
그 옛날 그 시절

그 옛날, 설날 들판의 보리밭과 초가지붕

하얀 눈으로 덮인 세상은

검은 까마귀 떼 우는 소리가 을씨년스러웠다

설날 선물로 새 운동화 신고 친척 어른 댁에 차례 지내고

곶감은 제일 맛있는 과일이었다

가난하게 살더라도 정이 넘치고

어른을 공경하는 사람 사는 세상이었다

그때가 생각나고 그리운 아름다운 시절이었다

• 김억규 지음 •

노벨문학상 · 낭만과 추억의 마산 창동 · 신이여 우리들을 용서해 주세요 · 울 엄마 손 가락지 · 강물처럼 흘러 금혼식을 맞으며 · 가을바람처럼 떠난 강씨 아저씨 · 노량진 사육신의 무덤이 왜 일곱 개인가 · 동정동 우물 자리 · 세상 모르고 살았노라 · 반세기 지난 한민족의 냉전

photo poem

마음속에 희망을 찾아 | 오월이 가기 전에 | 사랑의 작은 꽃밭·2 | 봄비 맞으며 떠난 그날

PART 4
세상 모르고 살았노라

노벨문학상

 한강의 기적이 두 번 일어났다. 경제 발전으로 세계가 부럽게 생각하는 나라 대한민국, 우리가 넘을 수 없는 벽으로만 생각했던 노벨문학상을 2024년 10월 10일 작가 한강씨가 신선한 가을바람처럼 우리들에게 큰 선물로 안겨주었다.

 오래전 여행 중에 노르웨이 수도 오슬로 시청에서 노벨평화상 수상자 김대중 대통령 수상 모습에 가슴 뿌듯하였다. 나에게는 한 가지 소원을 물으면 농담처럼 내 꿈은 노벨문학상 수상이라며 웃어 넘겼지만 한강 작가님이 현실現實을 이루었으니 대한민국 국민 지성知性을 세계에 우뚝 서게 한

쾌거이다.

우리글로 인간의 고통을 아름다운 시적 언어로 표현했다는 것이 한림원의 좋은 평가였다. 번역을 꼼꼼하게 해 주신 분들의 공로도 잊어서는 안 된다. 영어와 한문의 변방에 머물렀던 한글이 세계인의 주목을 받고 종이책이 사라질 위기에서 출판 인쇄 책방에는 젊은이가 찾는다는 것은 고무적이고 미래가 밝게 보인다.

책 속에는 인생의 길이 보인다. 겸손한 한강 작가님이 과거와 변함없이 생활하는 모습은 존경스럽고 지금보다 더 좋은 글을 우리들은 기대한다.

• 김억규 지음 •

낭만과 추억의 마산 창동

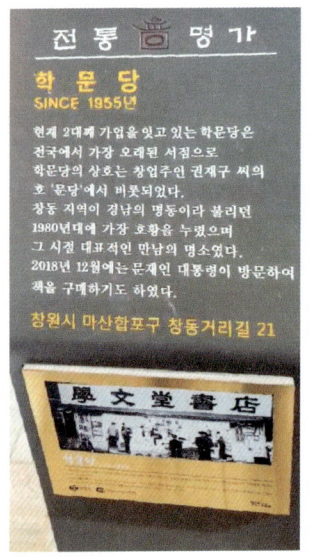

눈부시게 푸른 하늘 가을 햇살에 불어오는 감미로운 바람의 유혹에 걸으면서 도착한 곳은 창동 학문당 책방이었다. 가는 날이 장날이었으면 좋았을 텐데 일요일은 쉬는 날이었다. 아쉬움에 서성이다 전통 명가 학문당 현판을 읽어보았다.

창업주인 권재구 씨의 호

'문당'에서 비롯된 상호는 1955년 학문당으로 개칭해 2대째 가업을 잇고 있는 전국에서 가장 오래된 서점이다. 2018년 12월에는 문재인 대통령이 방문하여 책을 구매한 경남의 전통이 서려 있는 책방이다.

야윈 모습에 머리가 희끗한 사장님에게 '학문당이 있어 행복합니다.' 전하고 김훈 작가의 《하얼빈》을 구입해 나오려는데

"어디 가시는 길입니까?"

"동창회 모임에 갑니다."

마스크 20개를 주면서

"친구분들한테 나누어 주십시오."

당시에는 귀한 마스크를 주셔서 감사합니다. 인사하고 헤어진 기억이 난다.

오늘은 마산의 유래가 서려 있는 유정당惟正堂으로 발걸음을 옮겼다. 오행당 약국 아래 조선시대 '마산창과 유정당'의 유래가 적힌 현판이 새겨졌다. '오직 바른 것을 지키는 곳, 곳간의 곡물을 빈틈없이 지키고 보관하는 곳'이었다.

현재의 창동倉洞 지명은 마산창이 있던 곳으로 그 창자를 따서 마산의 중심지가 되었다. 고려당 빵집은 1959년 개점

한 전통이 살아 있는 빵집으로 변함없는 맛으로 손님의 발길은 여전하였다. 바로 옆 건물 황금당 금방은 창동의 상징적인 보석 가게였다. 결혼 예물은 황금당에서 맞추었다면 신용과 보증으로 인정받았다.

삼당 중 오행당 약방은 의약분업으로 보이지 않는다. 발걸음을 옮기면서 부림시장에 도착했다. 옛날의 열정은 지금도 살아 있을까? 큰누님도 점포 가지고 의류를 팔았지만 두 번의 화재로 인해 충격으로 당뇨병에 고생하시다가 돌아가셨다.

시민극장은 한 국영화 초창기부터 개봉영화 상영관이었다. 외국 수입 영화도 상영했지만 세월에 밀려 상영관은 문을 닫았다. 그 이후 여러 점포로 변화했다가 지방행정  지원으로 문화예술의 전당으로 간판은 여전히 시민극장(마산문화예술센터)으로 변하지 않았다.

젊은이가 떠난 창동 옛 추억이 담긴 뒷골목 통술집이 그리워 길 찾아 헤매었지만 스산한 가을바람에 낙엽만 뒹굴고 있었다. 창동에 유명한 간판인 오행당은 사라지고 유정당은 흔적이라도 남아 존재한다는 것이 추억의 향수가 된다.

지성知性을 대표하는 학문당學文堂! 오랫동안 살아남길 기원한다.

신이여 우리들을 용서해 주세요

나는 이 글을 쓰기를 오래전부터 망설였다. 과연 내가 그럴만한 존재로 살아왔는가 자신한테 질문을 던지며 고민했다. 황혼을 바라보는 나이에 많은 사람과의 인연으로 살아오면서 평범하고 우둔한 사람으로 남들이 기억해 주었다면 고마울 뿐이다. 부족한 배움을 극복하기 위한 손에 책은 떠나본 적이 없이 열심히 읽었다.

신의信義를 저버린 불의不義의 행동을 보면 참지 못하는 성격에 때로는 후회하는 일도 있었다. 생활에는 정이 넘치고 휴머니티humanity가 풍부한 사람으로 살고 싶었다. 남을 도우면서 상대의 감사하는 미소를 보면 내 마음이 즐겁고 행복하였다.

어려운 친구 딸의 대학등록금을 기분 좋게 지원해 주고 돌아왔으나 배신으로 마음의 상처를 입은 적이 있었다. 세월이 지나 가정이 풍비박산으로 사람이 죽어 나가는 것을 보고 나는 이렇게 빌었다.

'신이여… 남의 불행을 원하지 않습니다. 악한 자를 용서해 주십시오'

경북 경산에서 어머니 모시고 부인과 함께 도주하다시피 마을에 정착한 친구 광용이에게 성심으로 도움을 주었다. 이발 기술이 있다고 해서 종친 형님의 가게와 방 2칸을 얻어주었다. 면허증은 절친한 친구한테 빌려서 착실하게 영업을 하였다. 부인도 채소 장사하면서 성실하게 사는 모습이 보기 좋았다. 채소밭을 사서 시장에 팔면 큰 수익이 된다 해서 250만 원을 빌려주기도 했다.

친구의 수중에 돈이 불어나니까 천직인 이발 직업은 소홀하면서 선거운동에 매수되어 다른 사람이 되어갔다. 선전부장이라는 명함을 받으면서 "광용아 정신차려라! 네가 이용당하고 있다. 어머니 모시고 딸들을 생각해서 옛날로 돌아오라 친구야."

듣기 싫은 소리를 했다. 며칠 후 당원이라고 하는 자로부터 공갈 폭언으로 전화가 왔다. 명절이면 부모님 내의 사드리고 고마움을 알았던 친구의 배신감에 잠 못 이루었다. 세월이 흘러 나는 용서를 했지만 가정은 해체되고 빌려준 돈도 사라지면서 친구는 고향 경산 어느 암자에서 병든 몸으로 있다는 소식만 들었다.

비 오는 어느 가을날 커피 마시면서 음악 들으며 기분 좋은 날 30년 만에 고등학교 친구 서진수로부터 전화가 왔다. 나는 기억이 떠오르지 않아 머뭇거리니까

"집이 덕산이고 우리 같이 통학하지 않았나?"

"아, 그래 알겠다. 어쩐 일로 오래간만에 반갑다."

어제부로 영전되어 마산교도소 보안과장으로 발령받았단다.

"친구야! 축하한다."

한번 만나자는 약속에 그날 저녁에 만났다. 술잔이 오가면서 어려운 부탁 하나 들어주었으면 한다며 말문을 열었다.

"보안과 직원이 많은데 겨울에 입을 속내의 한 벌 해 주면 과장으로 체면이 서고 부하들 다루기가 쉬울텐데…."라

며 어물거렸다. 고향 친구 종석이가 부림시장에서 쌍방울 메리야스 대리점 개업을 하고 난 후 잘되었다. 생각해서 교도관 부인들 내의와 양말도 함께해 주겠다고 시원스레 약속했다.

다음 날 200만 원이 넘는 셈을 치르고 승용차에 가득 싣고 교도소에 전해주었다. 그 다음 주 토요일 오후에는 교도소장과 간부 12명을 창동 신라초밥에 초대해서 친구의 체면을 세워주었다.

나는 한 점 부끄러움 없이 정직하게 살아가며 친구한테 신세 지는 부탁은 한 번도 해본 적은 없었다.

정년퇴임한 친구는 함안에서 감농사를 짓는다는 소식만 들었지 연락은 두절되었다. 어느 날 부고訃告가 들려 우리들의 우정友情은 이해관계만 성립되었지 동창생으로 인간애는 없었다. 살면서 많은 사람들과 만나고 헤어지면서 도움을 주었지만 내가 대접받은 밥 한 끼도 기억하면서 살고 싶은 마음이다.

울 엄마 손 가락지

나는 공원이나 버스 안에서 여인들의 손에 빛이 나는 반지를 보면 어머니의 손 가락지가 생각이 난다. 어머니는 외출이라고는 할 수 없지만 밭에서 자른 부추 다듬어 10km 철길 따라 걸어서 구마산역 아래 월남다리에 쪼그리고 앉아 파는 것이 큰 나들이었다. 막내인 나의 동행은 필수였다.

왼손 가운뎃손가락에는 누런 구리 빛깔의 반지가 끼어 있었다. 팔고 남은 것은 큰누님이 계신 부림시장에 주고 생선 몇 마리 사서 어둠이 깔린 기차를 타고 집에 도착하였다. 나는 도시 구경과 기차 타는 재미로 어머니와 같이 다니는 것이 즐거웠다.

합천 해인사에서 어머니

창원 읍내 장날에는 가지 오이 열무 한 아름 따서 내가 지게에 지고 장바닥에서 팔았다. 아는 사람이나 초등학교 친구 만나기가 부끄러울 때도 있었다. 팔고 남은 돈으로 양말과 내의 사고 저녁 반찬으로 생선을 사서 가족이 한자리에 모인 그날은 행복한 밤이었다.

어머니의 왼손 가운뎃손가락에는 저녁노을과 닮은 구리색 반지가 빛이 났다. 말재간 없는 어머니는 상술이 없었고 거짓말할 줄 모르며 처세는 없었다. 어린 나이지만 깨달은 것은 장사는 사람을 관심으로 이끌어야 된다는 것을 알게 되었다.

집에 도착하면 하얀 손수건으로 가락지를 닦으며 즐거워하는 모습이 눈에 선하다. 구리로 만든 반지는 아버지가 만들어 주셨던 것이다. 어머니의 보물로 최고의 가치며 수호신이었다. 농사일 나가실 때는 선반 위의 작은 항아리에 보관하였다. 나는 성인이 되어서도 황금색 구리빛깔 반지는 금으로 제작한 18K 정도가 되지 않았나 생각했다. 평생에 자식들을 위해서 밤낮으로 일하면서 땅 한 뼘이라도 늘려주기 위해 노력한 분이었다.

아버지 돌아가신 8개월 만에 세월의 무게를 견디지 못해

소한小寒의 추위가 대지를 옥죄이는 그날 오후에 아랫마을 가게에서 배 두 개 사서 쏜살같이 달려와 즙으로 입술에 넣어드리는 순간에 눈을 감았다. 왼손 손가락에 낀 반지도 서서히 차가워짐을 느끼면서 사랑하는 어머니와 영원한 이별이었다.

강물처럼 흘러
금혼식을 맞으며

 1974년 12월 15일 따뜻한 겨울날 우리들의 만남으로 한 가정을 이루었다. 회사생활 밤낮으로 열심히 하면서 박봉이지만 알뜰하게 저축한 아내의 내조가 있었다. 딸아이 태어나고 가장으로서 책임감이 있었지만 대의大義를 위해 사원들의 월급인상, 복지 향상 투쟁으로 마음고생도 했다. 보람된 영광의 그날이 되었다. 6개월이 지난 후 박수칠 때 떠나면 멋있는 사람으로 기억한다는 어리석은 생각에 대책 없이 아내와 의논도 없이 회사를 그만두었다. 어린 딸과 얼마 안 있으면 아들이 탄생하고 우리 가족을 책임져야 할 아버지로서 어깨가 무거웠다. 지금도 생각하면 불평 없이 믿고 기다려준 아내가 고마울 뿐이다.

주변의 좋은 친구와 지인들의 도움으로 시작한 사업은 번창하였다. 비 오는 날 따뜻한 온돌방의 달콤한 휴식이 유일하게 쉬는 날이었다. 지향하는 신념과 목표는 분명했다. 나는 배우지 못했지만 아이들 교육은 책임지고 시키고 싶었다. 세월이 흘러 딸아이는 서울 H대학에 입학하고 아들도 중곡동 대원외고에 합격하여 우리 가족은 서울과 마산을 오가며 힘들었지만 희망은 잃지 않았다. 서울에서 무료함을 달래기 위해 용마산을 올라 아차산을 지나 망우리 공동묘지에 잠들어 있는 조국을 사랑했던 선인들의 묘소에 술잔을 올렸다.

아들은 졸업 후 S대학 경영대학에 입학하고 국비 교환학생 자격으로 하버드 대학에서 공부했다. 군생활은 미8군 카투사로 용산에서 군복무를 마치고 복학해서 2006년 2월 24일 전체수석 영광의 메달을 목에 걸어주신 분은 국무총리를 하신 당시 정운찬 총장님이었다. 학교 졸업 후 삼일 PWC에서 근무하고 있다. 지금은 최연소 파트너로 한국 기업을 미국 나스닥에 상장하는 업무를 하고 있다.

사위 박환철은 심장내과 교수로 2022년 봄날 안식년安息年에 미국 메릴랜드주 볼티모어시에 있는 존스홉킨스대학에서 심장내과 부정맥을 연구하고 돌아온 후 한양대학교 구리병원에 근무하고 있다. 큰손자 성현이는 대학생이고 둘째 호현이는 고3으로 열심히 지도하느라 딸이 바쁜 시간을 보내고 있는 줄 안다.

아들네 큰손녀 보빈이는 특목고 1학년, 둘째 나원이는 중1학년으로 착하고 열심히 공부하며 며느리는 서울 KBS 방송국에 직장 생활하고 있다.

손자 손녀들의 자라는 모습을 지켜보다 보니 어느새 우리들의 만남은 2024년 12월 15일이면 50년 금혼식金婚式이다. 지금까지 아프지 않고 일할 수 있다는 것에 감사하고 지나온 길은 당신이 있었기에 우리 가족 모두가 행복했다고 말하고 싶다.

가을바람처럼 떠난
강씨 아저씨

  70년 전 어린 시절 우리 집에는 한 식구 같은 강씨 아저씨가 계셨다. 메마른 체구에 반백의 머리와 흰 수염이 얼굴을 덮었고 벙거지 모자를 쓰고 다녔다. 오십 중반의 연세로 기억이 난다. 농번기에 마을 사람들과 협동으로 일하면서 주인 의식으로 일하러 오신 분들과 자주 다투기도 하였다. 아버지가 그러시면 안 된다고 말씀하시면 주장이 강한 성격에 다음 날 아프다는 핑계로 쉬는 날이 많았다.

  동산 아래 아버지가 지어준 집으로 찾아가 사정을 하면 겨우 일어나서 모내기 들판에 합류하기도 했다. 성격을 알고 있기에 말없이 지켜보다 시간이 지나 새참 때 막걸리 한 사발로 기분이 전환되었다. 주변 사람들이 "강 샌님 노래 한 곡 불러보세요." 흥을 돋우면 〈흥부가〉를 질펀하게 불러 일하는 사람들 분위기를 즐겁게 했다. 일은 조금 못해도 강씨 아저씨 노래에 매력을 느껴 아버지는 강 한량이라 불렀다.

  오랫동안 한 식구처럼 지냈기에 철길 너머 논 150평을 주었다. 벌판 큰 논일을 마치고 마지막에 마무리하는 곳이었다. 자기 논이라고 기분 좋아하는 아저씨 얼굴에 밝은 미소가 돌았다.

  한 해도 빠짐없이 모내기가 끝나면 아버지한테 돈을 받아 떠나 버렸고 가을이 되어야 집으로 왔다. 어느 곳에서 어떻게 살았는지 물어도 대답이 없었다. 초췌한 모습이 안쓰러워 어머니는 키우는 닭을 잡아 삼계탕을 만들어 누님을 시켜 갖다 드리고 청소와 이부자리를 정돈해 주었다.

  그런 세월은 연속되었다. 그러던 어느 해 기다리던 강씨 아저씨는 영원히 돌아오지 않았다. 어머니는 강씨 아저씨의 불쌍한 영혼을 기리며 음력 9월 9일 제비 떠나는 날인 중양절重陽節에 아래 채광에서 정성으로 제사를 지냈고 막내

모내기가 끝나면 아버지한테 돈을 받아 떠나 버렸고
가을이 되어야 집으로 왔다.
어느 곳에서 어떻게 살았는지 물어도 대답이 없었다.

인 나를 불러 절을 시켰다. 이름도 고향도 모르는 강씨 아저씨는 어린 나를 좋아했고 잘되기 바라며 살펴주었기에 무탈하게 살고 있다고 생각한다.

낭만 가객 강 한량 아저씨가 생각나는 계절이다.

노량진 사육신의 무덤이
왜 일곱 개인가

　노량진은 상류의 한강진 하류의 양화진과 더불어 한양 도성으로 통하는 길목이어서 이곳은 진鎭이 설치되어 군대가 주둔하였다. 노량진은 수양버들이 울창해서 노들나루 또는 노들강변이라 불렀다. 한강 노량진 언덕배기에 사육신 묘가 있다. 장렬한 죽음으로 충절을 지킨 6명의 신하들 사육신死六臣 그런데 이상하다! 사육신의 묘에 7기의 무덤이 있다. 원래는 사육신이 아니라 사칠신死七臣이었을까? 공원 안에 있는 역사관에서 자세한 연유를 알게 되었다.
　홍살문이 공원 입구에 높이 서 있고 엄숙하게 자리 잡은

불이문不二門을 지나면 숲이 울창한 시민들의 휴식공간으로 사신의 위패를 모신 의절사義節祠가 있다. 사육신 묘지는 의절사 뒤편 언덕 너머 양지바른 곳에 있으며, 매년 10월 9일에 위패를 모시고 추모제 분향을 올린다. 사육신의 절개를 느끼게 하는 마음에 스스로 고개 숙어진다. 좌측은 정조 때 세운 신도비고 우측은 1955년 세운 사육신 비다. 이곳에 여섯 기가 아닌 일곱 분의 묘가 조성된 경위는 다음과 같다.

 남효온이 지은 소설《육신전六臣傳》에는 성삼문, 박팽년, 이개, 류성원, 하위지, 유응부를 사육신이라 했다. 당시에 왕실 기록은 임금이라도 볼 수 없었기에 남효온이 쓴 소설이 일반인에게 전해졌다. 해방 이후《조선왕조실록》을 누구나 볼 수 있게 되었으므로 진실이 드러나게 되었다. 사육신의 주모자는 백촌 김문기 선생으로 밝혀진 것이다. 모진 고문에도 굴하지 않고 동료들을 감싸고 굳센 의지로 큰아들 현석 군과 절개를 지키면서 생을 마감했다.《세조실록》사관이 기록한 여개복초餘皆服招 유문기불복惟文起不服이 공개된 후 비로소 백촌 김문기 선생이 사육신 반열에 올라 7기의 묘가 조성되었다는 문화 해설사의 설명을 들었다.

 1456년 7월 10일 형장의 이슬로 사라진 후 1731년(영조

7년) 9세손 정구의 송원으로 275년 만에 사면 복권되었다. 그동안 살아남은 후손들의 세월은 역적의 자손으로 노비와 유랑생활의 고난이었다. 정조 2년(1777년) 3월 3일 모진 고문에도 의연한 태도를 굽히지 않았던 절개를 높이 사서 굳셀 의毅자를 넣은 충의공忠毅公 증시를 내려 좌찬성으로 영월 충신단에 모시게 되었다.

7기의 묘 가운데 박팽년·성삼문·유응부·이개는 진짜 묘이고, 하위지·류성원·김문기는 가묘이다. 매월당 김시습이 옮긴 4구는 형체가 남아 있어 묻어 주었고, 그 외 시신은 사람의 형체를 알 수가 없었다고 한다. 백촌 김문기 선생의 참모습이 밝혀지므로 늦게나마 7기의 묘가 조성되었다는 사실이 확인되었다. 지금도 노량진 언덕을 바라보면 충의와 절개를 지킨 만고에 빛날 충신들이 떠오른다.

동정동 우물 자리

 300년 세월의 역사를 가진 동정동은 처음에는 벼슬하는 갓을 쓴 양반들이 사는 마을이라고 관동리冠東里라고 불렀다. 일제 강점기 때 독립운동가와 인물이 배출되는 것을 막기 위해 지명을 갓골로 불렀다. 해방 후에 천주산 동쪽에서 처음으로 솟아나는 샘물이라고 동정동東井洞으로 이름 지었다.
 이 물은 팔룡동을 적시고 봉암동을 지나 바다에 흘러갔다. 수정 같은 맑은 샘물을 먹고 자라면서 꿈과 희망으로 훌륭한 인재가 많이 탄생하였다.
 둥그스름한 우물가 언덕에는 오래된 앵두나무가 빨간 열

문영숙 作

매를 맺었고 동쪽과 서쪽에 길이 있었으며 흐르는 물에는 미나리가 자라는 논이 있었다. 두레박으로 떠올린 물맛은 어머니 사랑이 담긴 내 마음의 영원한 고향이다.

세상 모르고 살았노라

　내 마음속에 영원한 청춘으로 살아 있는 사람은 안중근 의사다. 31살 청년으로 68살 일본 초대 내각 총리 이토 히로부미(伊藤博文)를 조국 독립을 위해 저격해 하얼빈에서 목숨을 잃은 대한의 청년이다. 거사 현장에서 배운 러시아어로 대한독립만세를 외치며 항소하지 않고 형장의 이슬로 사라진 안중근 의사는 장부丈夫다운 생을 마감했다.
　필자가 안중근 의사를 소환해서 이 글을 쓰고 있는 이유는 우리 정치 지도자가 나라 위해 자기 한목숨 바칠 각오로 국민과 국가를 위한다면 성공한 대통령으로 남을 것이다. 아부하고 자리 눈치 보는 간신배들은 멀리해야 한다. 그네

· 김억규 지음 ·

들은 권력의 빛만 바라보는 쥐새끼 같은 인간이다. 권력의 임기가 저물어가고 힘 빠지면 배신으로 뒤통수 칠 놈이라 생각하면 된다.

좋은 인재 발굴팀을 가동해서 전문가로 인격을 갖춘 분을 찾아 삼고초려 자세로 고개 숙이며 국민과 국가를 위해 함께 봉사와 헌신하는 자세가 필요하다. 지도자의 바른 생각을 알면 주어진 직책에 열심히 일할 것이다.

우리 사회가 신바람 나게 보수 진보 아우르며 협치協治의 마음으로 좌우 수레바퀴가 기름지게 잘 굴러가게 만드는 것이 정치다. 사람 보고 충성하지 않는다. 전임이 두 번 만에 당선된 작은 의리로 자기 편만 생각하면서 공정과 정의를 무너뜨린 것을 바로잡을 것이라 생각했던 적임자가 검찰총장 출신 윤석열이었다.

그러나 야당은 집요하게 허점을 파고든 것이 부인 김건희 여사였다. 주가조작과 명품백 사건 특검으로 물고 늘어졌다. 읍참마속泣斬馬謖의 자세로 가족도 죄가 있으면 언젠가는 만남의 약속 기약하며 헤어질 결심을 했다면 이 지경까지 오지 않았을 것이다. 결과는 승부수가 아닌 악수惡手를 저질렀다. 2024년 갑진년 12월 3일 비상계엄을 선포했다.

문영숙 作

2025년 을사년 1월 15일 공수처에서 현직 대통령을 관저에서 체포, 1월 19일 내란과 직권남용죄로 서울서부지법 영장 발부에 흥분한 지지자들이 건물 난동 파괴로 역사에 좋지 못한 기억으로 남았다. 취임식에 법을 준수한다는 기억은 잊고 지지자들한테 우리는 정의롭다 끝까지 항전하자는 선동이었다. 국민들 생각과 동떨어지게 내가 하는 일은 잘한다고 생각하면 안 된다. 경청하고 토론하면서 합의점을 찾아 잘못을 인정하고 용서를 구해야 한다. 국민들의 피와 땀으로 세계 10대 경제강국의 나라로 우뚝 서게 만들었다. 2000년에는 김대중 대통령이 노벨평화상을 탔고, 넘을 수 없는 벽으로만 생각했던 노벨문학상을 2024년 한강 작가가 받았고 세계가 부러워하는 K문화를 가진 나라다.

  야밤중에 뜬끔없는 비상계엄 선포는 아프리카 남미 후진국에서 일어날 일인 줄 알았던 국민들을 경악하게 만들었다. 세상 모르고 저지른 생각 없는 엄청난 실수였다. 남들이 부러워하는 교수 부모 아래 아쉬운 것 없이 자라고 사법고시 목표 달성을 위해 9년의 세월을 허비하고 국방의무인 군에도 가지 않았다. 평범한 가정의 아들이었다면 부모의 반대로 다른 길을 선택하였을 것이다. 늦깎이 검사로 상대방을 지배하는 권력으로 군림했던 것이 개인과 국가의 손실이었다. 세상은 돌고 돈다는 말이 실감이 난다.

특별검사 팀장으로 보수 전직 대통령 두 분을 감옥으로 보내고 그 열차에 승차해서 그곳에서 무슨 생각을 하고 있을까? 자업자득自業自得 내가 왜? 세상 모르고 살았을까. 권력은 손바닥 안에 쥐고 있는 구슬이었구나. 언젠가는 놓아야 하니까. 115년 전 31살 청년 안중근 의사는 이역만리 뤼순 감옥에 투옥되면서 얼마나 외로웠을까. 안중근 의사에게는 대의大義가 있었지만 그는 역사에 오점만 남겼다. 구치소 독방에서 잠 못 이루는 밤에….

반세기 지난 한민족의 냉전

 2021년 5월 《시사저널》 마지막 광고란에 김신조가 못다 한 이야기를 한다는 것이다. 1968년 1월 21일 김신조 일당은 박정희 대통령 모가지 따러 왔다며 남침했다. 그 후 53년이 지나 김신조는 목사가 되었다.
 당시에 필자도 제대 말년 병장으로 강원도 인제 내설악에서 북으로 도망친 북한군한테 총을 겨누었다. 젊음이 솟구치던 시절 추위와 배고픔과 기합에 시달려 월남 파병으로 떠난 전우들이 전사 5,099명 부상자 11,232명 사망자의 시신은 한 줌의 재가 되어 조국의 품에 안기었다. 우리는 잊어서는 안 된다. 청춘을 국가에 헌신해 불태웠기에 지금 우리는 풍요를 누리고 있다.

　대한민국 정예부대 맹호 백마 청룡이 파병한 빈자리를 노리고 김신조 124특수부대가 종로까지 침투했다. 전군이 전투 준비에 비상사태였다. 제대 40여 일 남기고 마음이 혼란스러웠다. 월남 파병의 기회가 있었는데 후배한테 양보한 것이 후회가 되었다. 군 출신으로 산전수전 겪은 박정희 대통령은 전면전을 예고했던는 것이 사실이다. 6·25 전쟁 후 18년 만이다. 이틀 후 23일에는 동해상에서 미정보함 푸에블로호 납치사건이 일어났다. 미국은 베트남 전쟁에 지치고 힘들 때 한국에서 전쟁이 일어나면 정예부대가 빠져나가는데 부담을 느끼고 현대화 무기를 지원 약속했다.

　그 세월이 지나 대한민국은 세계에서 10대 경제 대국으로 온 국민이 복지국가로 풍요를 누린다. 반면 북한은 3대 세습에 김씨 왕국 우상화로 지구상에 낙후된 나라로서 핵으로 세계 질서를 파괴하고 있다. 아직도 끝나지 않는 남북한의 냉전에 기독교 신자가 된 김신조와 나는 산수연傘壽宴을 바라보는 나이에 남과 북이 한민족으로 따뜻하게 손잡고 서로 도우면서 살아가는 것이 소원이다.

photo poem

마음속에 희망을 찾아

오늘이란 아침을 맞이함이

엄청난 행운이다

동쪽에서 떠오르는 저 태양은

만물의 은혜로움이고

보이지 않는 바람은 우리들 영혼을 깨운다

푸른 하늘에 떠 있는 구름은 목마름을 적셔주고

강산에 핀 들꽃은 마음속에 시를 선사한다

아름다운 세상에 존재하는 자신이

경이롭고 행복한 인생이다

• 김억규 지음 •

photo poem
오월이 가기 전에

오월은 푸르름이 빛나는 청춘이다

강산에 구김살 없이 피는 꽃과 향기는

아름다운 미인의 유혹보다 진하다

오월은 소쩍새와 뻐꾹새가 사랑 찾아

날개 빛 다듬는 계절이다

오월은 그리운 사람 생각이 나서

편지 한 장 곱게 접어 빨간 우체통에 꿈을 띄운다

보고 싶고 사랑하노라고

photo poem

사랑의 작은 꽃밭·2

내가 살고 있는 아파트 헬스장 너머

잡풀 무성한 공간 깨끗하게 다듬어

퇴비를 뿌려 살찐 흙을 만들어 만인에게 즐거움을 주는

사랑의 작은 꽃밭이라 이름 지었습니다

아침에 물 주고 정성으로 가꾸며 운동하는 하루가 즐겁습니다

봄이 오면 제비꽃 심고 여름에는 봉선화꽃이 피어

오가는 사람들 아이들과 손잡고

꽃 이름 알려주며 즐겁고 행복했으면 좋겠습니다

겨울에는 〈봄은 내 마음의 꿈이다〉 〈사랑의 작은 꽃밭〉 새긴 글

희망을 잃지 않고 기다리면

봄은 우리 곁에 소리 없이 찾아옵니다

• 김억규 지음 •

photo poem
봄비 맞으며 떠난 그날

봄비에 젖은 목련꽃처럼 트럭에 실린 이삿짐은

빗속에서 낯선 곳으로 가고 있었다.

삼국시대 고구려 신라 경계선인

아차산 자락 중곡동이었다

고마운 친구의 안전운행으로 작은 보금자리에서

사랑하는 아들과 딸이 청운의 꿈과 희망을 보았다

27년이 지난 세월 속에 봄비 맞고 피는 꽃처럼

내 딸과 아들이 나처럼 봄비 맞으며 떠난 그날을

기억하고 있을까? 하얀 목련화를 생각하면서

• 김억규 지음 •

경남산문선 94

지나온 길은 행복했다

김억규 지음

1쇄 펴낸날 2025년 3월 5일

지은이 김 억 규
펴낸이 오 하 룡

펴낸곳 도서출판 경남
주 소 창원시 마산합포구 몽고정길 2-1
연락처 (055)245-8818
이메일 gnbook@empas.com
출판등록 제1985-100001호(1985. 5. 6.)
편집팀 오태민 심경애 구도희

ISBN 979-11-6746-175-9-03810

ⓒ김억규

* 잘못된 책은 바꿔 드립니다.
* 저자와 협의 인지 생략합니다.

〔값 15,000원〕